乡村振兴背景下课堂教学的数字化转型研究

邱利见　著

中国纺织出版社有限公司

内 容 提 要

本书深入研究了数字化时代对乡村教育的影响。通过全面分析乡村教育的现状及面临的挑战，在不同层面提出了数字技术的应用方案，包括在线学习、虚拟现实技术、数字化课程设计等。重点关注乡村教育师资队伍的数字化培训，提出提高教师数字素养的策略。此外，书中呼吁构建数字化评估与监测体系，以更科学的手段评价学生学业水平和教学质量。最后，展望数字化转型的可持续发展，强调社会各方合作与未来趋势。

本书旨在为决策者、教育工作者和研究者提供实用的指导和思考的引导。

图书在版编目(CIP)数据

乡村振兴背景下课堂教学的数字化转型研究 / 邱利见著. -- 北京：中国纺织出版社有限公司，2024. 10.
ISBN 978-7-5229-2236-2

Ⅰ. G725-39

中国国家版本馆 CIP 数据核字第 2024V2J841 号

责任编辑：张　宏　　责任校对：王蕙莹　　责任印制：储志伟

中国纺织出版社有限公司出版发行
地址：北京市朝阳区百子湾东里 A407 号楼　邮政编码：100124
销售电话：010—67004422　传真：010—87155801
http://www.c-textilep.com
中国纺织出版社天猫旗舰店
官方微博 http://weibo.com/2119887771
天津千鹤文化传播有限公司印刷　各地新华书店经销
2024 年 10 月第 1 版第 1 次印刷
开本：710×1000　1/16　印张：12.25
字数：200 千字　定价：98.00 元

凡购本书，如有缺页、倒页、脱页，由本社图书营销中心调换

前言

近年来，随着信息技术的飞速发展，数字化转型已经深入到社会生活的各个方面，教育领域也不例外。数字化转型不仅为教育模式带来了革新，也为教育资源的优化配置和教学质量的提升提供了新的路径。尤其在中国，乡村振兴战略的实施为乡村教育的发展注入了新的动力。在这样的背景下，探讨乡村教育的数字化转型具有重要的现实意义和理论价值。

乡村教育一直是中国教育体系中的薄弱环节。由于地理位置、经济条件等因素的限制，乡村地区的教育资源相对匮乏，师资力量薄弱，教学质量参差不齐。传统的教育模式和手段已经难以满足现代教育的需求，更无法适应信息社会的发展要求。数字化转型的到来，给乡村教育带来了新的希望，通过引入先进的数字技术，可以有效解决乡村教育面临的诸多问题。

本书旨在系统地研究数字化转型对乡村教育的深远影响，并提出切实可行的解决方案。全书通过对乡村教育现状的全面分析，结合数字技术的应用实例，探讨了如何利用数字化手段提升乡村教育的质量和水平。

本书共八章。第一章是引言，第二章是数字化转型与中国式教育现代化，第三章是乡村教育现状分析，第四章是数字技术在乡村教学中的应用，第五章是数字化课程设计与教学资源建设，第六章是中国式乡村教育师资队伍的数字化培训，第七章是数字化评估与监测体系建设，第八章是数字化转型的可持续发展与未来展望。

通过本书的研究，我们希望能够为乡村教育的数字化转型提供理论支持和实践指导，推动乡村教育的全面振兴。在此过程中，需要政府、教育机构、技术企业和社会各界的共同努力，协同创新，共同构建一个更加公平、高效和可持续发展的乡村教育生态体系。

  总之,《乡村振兴背景下课堂教学的数字化转型研究》不仅是对当前乡村教育数字化转型的一次全面探索,也是一份对未来乡村教育发展的美好愿景。希望本书能够为教育决策者、管理者和一线教育工作者提供有价值的参考和启示,与其共同推动乡村教育的高质量发展,实现乡村振兴的宏伟目标。

著者

2024 年 5 月

目录 CONTENTS

第一章　引言 ………………………………………………………… 1
　　第一节　研究背景与意义 ……………………………………… 1
　　第二节　研究综述 ……………………………………………… 2
　　第三节　研究方法与框架 ……………………………………… 4

第二章　数字化转型与中国式教育现代化 ………………………… 7
　　第一节　数字化转型的概念与内涵 …………………………… 7
　　第二节　数字化转型对中国式教育现代化的影响 …………… 14
　　第三节　数字化转型对中国式乡村教育现代化的价值 ……… 19
　　第四节　教育创新与数字技术的融合 ………………………… 32

第三章　乡村教育现状分析 ………………………………………… 39
　　第一节　乡村教学资源与师资情况 …………………………… 39
　　第二节　学生背景及学校管理状况 …………………………… 52
　　第三节　乡村教学面临的挑战与问题 ………………………… 58

第四章　数字技术在乡村教学中的应用 …………………………… 67
　　第一节　远程教育与在线学习 ………………………………… 67
　　第二节　智能教育工具与平台 ………………………………… 76
　　第三节　虚拟现实（VR）与增强现实（AR）技术在乡村教育中的潜力 …… 88

第五章　数字化课程设计与教学资源建设 ···················· 97
第一节　数字化课程设计原则 ···························· 97
第二节　开发适应乡村特色的数字化教学资源 ············ 102
第三节　乡村教育数字化教材的创新与实践 ·············· 108

第六章　中国式乡村教育师资队伍的数字化培训 ············ 117
第一节　数字化教育培训的必要性 ······················ 117
第二节　教师数字素养培养 ···························· 125
第三节　乡村教育师资队伍数字化培训的策略与方法 ······ 130

第七章　数字化评估与监测体系建设 ······················ 143
第一节　学生学业水平评估的数字化工具 ················ 143
第二节　教学质量监测与评估体系的数字化构建 ·········· 151
第三节　数字化数据分析在乡村教育评估中的应用 ········ 163

第八章　数字化转型的可持续发展与未来展望 ·············· 177
第一节　可持续数字化转型的机制建设 ·················· 177
第二节　社会各方合作促进数字化乡村教育的发展 ········ 180
第三节　未来数字化转型的趋势与挑战 ·················· 183

参考文献 ··· 189

第一章 引言

第一节 研究背景与意义

一、研究背景

（一）数字化转型的全球趋势

数字化转型已经成为全球各个行业发展的重要趋势。随着互联网、大数据、人工智能、云计算等技术的快速发展，数字化转型不仅改变了商业模式和企业运营方式，也深刻影响了教育领域。数字化教育通过技术手段打破了传统教育的时空限制，提供了更加灵活和个性化的学习体验。在全球范围内，发达国家在教育数字化方面已经取得了显著成效，教育资源的数字化和智能化应用成为提升教育质量和效率的重要手段。联合国教科文组织（UNESCO）等国际组织也大力倡导教育数字化，提出通过数字技术推动教育公平和包容性发展。因此，数字化转型不仅是技术进步的结果，更是教育现代化的重要驱动力。

（二）中国乡村教育的现状与挑战

中国的乡村教育长期以来面临着诸多挑战。首先，地理位置的偏远和经济条件的落后使乡村地区的教育资源极为匮乏，学校基础设施陈旧，教学设备不足。其次，师资力量薄弱，教师数量不足，且教师的专业素质和教学能力参差不齐。很多乡村教师缺乏系统的培训和职业发展机会，难以适应现代教育的需求。再次，乡村学生的家庭普遍较为贫困，家长的教育水平和对教育的重视程度较低，家庭教育支持不足。最后，乡村学校的管理水平和教育质量也有待提高，城乡教育资源和教育质量的差距依然明显。这些问题不仅制约了乡村教育的发展，也影响了乡村学生的全面发展和未来竞争力。

二、研究意义

（一）理论意义

本研究在理论上具有重要意义。首先，它丰富了教育学、信息技术与教育管理学科的理论内容，为数字化转型在教育领域的应用提供了新的视角和理论基础。通过系统梳理和分析数字化转型的相关理论，本研究有助于深入理解数字技术对教育模式、教育资源和教育公平的影响，为进一步的理论研究提供参考。其次，本研究对中国式乡村教育现代化的探索也具有理论创新意义，能够为其他发展中国家或地区的乡村教育现代化提供理论借鉴和思路启示。

（二）实践意义

在实践层面，本研究对于教育决策者、教育管理者和一线教师具有重要的指导意义。首先，本研究提出的数字化转型策略和方法可以为教育决策者制定乡村教育政策提供科学依据，推动乡村教育的改革和创新。其次，本研究中分析的数字技术在乡村教育中的具体应用案例和成功经验可以为教育管理者和一线教师提供切实可行的操作指南，帮助他们更好地利用数字技术提升教学质量和管理水平。此外，本研究对乡村教育数字化评估与监测体系的建设也提供了参考，能够促进乡村教育的科学评估和持续改进。

第二节　研究综述

一、国内研究现状综述

（一）教育数字化转型的政策背景

在中国，教育数字化转型已经上升为国家战略。2019 年，教育部发布了《教育信息化 2.0 行动计划》，明确提出了"数字化教育""智慧教育"和"在线教育"等概念，旨在推动全国教育系统的数字化转型。《教育信息化 2.0 行动计划》不仅是对之前政策的延续和深化，更是对未来教育发展方向的战略规划。该计划的主要目标是通过信息技术与教育教学的深度融合，实现教育资源的公平配置、教育过程的智能管理以及教育质量的整体提升。

在此背景下，各地也纷纷出台了相应的政策和措施。例如，北京市推出了

第一章 引言

"智慧教育"行动计划,旨在建设智能化的教学环境,提升教育资源的共享水平。上海市的"数字化教育"行动计划则注重数字化教学资源的开发与应用,通过信息技术手段提高教学效率和教学质量。此外,广东省、江苏省等地也分别出台了地方性的教育信息化规划,着力推进本地教育数字化转型。

(二)教育数字化转型的实施情况

在政策的引导下,各地的教育数字化转型工作取得了显著进展。首先是基础设施的建设,许多学校在硬件设施方面进行了大规模的投入,如配备智能黑板、多媒体教室、计算机教室等。教育行政部门也在不断完善教育管理信息系统,推动教育管理的数字化和智能化。其次,在数字化教学资源的开发和应用方面,各地教育部门和学校都进行了积极探索。例如,北京市教育系统开发了大量的优质在线课程和教学视频,供全市中小学师生免费使用;上海市则建立了教育资源公共服务平台,实现了教育资源的共建共享。这些数字化教学资源的广泛应用,不仅提高了教学质量,也促进了教育公平。此外,教师的数字素养和信息技术能力也得到了显著提升。各地通过组织信息技术培训、开展教学技术竞赛等方式,积极提高教师的技术应用水平。又如,江苏省通过"名师工作室"的形式,推动优秀教师利用信息技术开展教学研究和教学实践,带动全省教师的信息技术应用水平提升。

(三)教育数字化转型的成效与问题

尽管国内教育数字化转型取得了一定成效,但在实际实施过程中也存在一些问题和挑战。首先是硬件设施的投入问题,虽然各地都在加大投入,但由于经济发展水平的差异,城乡之间、地区之间的教育信息化基础设施建设仍存在明显差距。部分农村和偏远地区的学校在硬件设施和网络覆盖方面仍存在不足,影响了数字化教育资源的普及和应用。其次,教师的数字素养和技术应用能力有待提高。尽管各地都在开展教师信息技术培训,但由于教师的年龄结构、技术基础等因素的影响,部分教师对信息技术的掌握和应用仍不够熟练。此外,数字化教学模式的推广也面临一定的阻力,部分教师在教学理念和教学方法上仍需适应和转变。最后,教育数字化转型还面临一些技术和安全问题。例如,如何有效保护学生的隐私信息,如何保障在线教育平台的安全性等,这些问题的解决方案都需要在未来的实践中不断探索。

二、研究热点与争议

在数字化转型与教育研究领域，存在一些热点和争议。例如，关于数字技术在教育中的效果存在不同观点。有学者认为，数字技术可以显著提升教育质量和效率，尤其在资源匮乏的地区，可以弥补传统教育资源的不足。然而，也有学者指出，数字技术的应用需要大量的基础设施和技术支持，成本较高，且技术的应用效果在不同教育环境下差异较大。此外，关于数字化转型是否会加剧教育不公平问题也存在争议。一方面，数字化可以扩大教育资源的覆盖面，促进教育公平；另一方面，数字鸿沟的存在可能导致新的教育不公平。

三、本研究的创新点与不足

本研究的创新点在于系统分析数字化转型对中国乡村教育的影响，并提出针对性的解决方案。首先，本研究结合中国乡村教育的实际情况，提出了数字化转型的具体策略和方法，具有较强的实用性和操作性。其次，本研究通过实地调研和案例分析，提供了丰富的实证数据和成功经验，为其他乡村地区的教育数字化转型提供了参考。然而，本研究也存在一定的不足之处。由于研究时间和资源的限制，本研究的调研范围相对有限，可能无法全面反映全国所有乡村地区的教育现状。此外，本研究主要聚焦于数字技术在教育中的应用，对于其他影响乡村教育发展的因素考虑相对较少，未来研究需要进一步完善和深化。

第三节　研究方法与框架

一、研究方法

（一）文献分析法

文献分析法是本研究的基础方法之一。通过系统梳理国内外关于数字化转型和乡村教育的相关文献，本研究全面了解了现有研究的成果和不足，确定了研究的切入点和重点。文献分析法不仅帮助本研究构建了理论框架，也为后续的实地调研和案例分析提供了重要参考。

（二）实地调研法

实地调研法是本研究的重要方法之一。为了深入了解中国乡村教育的现状和数字化转型的实际应用情况，本研究选择了具有代表性的乡村学校进行实地调研。通过访谈校长、教师和学生，搜集第一手资料，了解他们对数字化教育的看法和需求。此外，实地调研还包括对学校教学设备和数字化资源的考察，为本研究提供了丰富的实证数据。

（三）案例研究法

案例研究法是本研究的核心方法之一。通过选择典型的乡村学校作为案例，本研究深入分析了数字技术在这些学校的具体应用情况和效果。案例研究不仅展示了成功经验和最佳实践，也揭示了数字化转型过程中存在的问题和挑战。通过对比不同案例，本研究总结出普遍适用的策略和方法，为其他乡村地区的教育数字化转型提供参考。

二、研究框架

本研究的总体框架分为八个章节。第一章为引言，介绍了研究背景与意义、研究综述及研究方法与框架。第二章探讨了数字化转型的概念与内涵，分析了其对中国式教育现代化的影响，特别是对乡村教育现代化的价值，并论述了教育创新与数字技术的融合。第三章对中国乡村教育现状进行了全面分析，涵盖教学资源与师资情况、学生背景及学校管理状况，指出当前乡村教学面临的主要挑战与问题。第四章重点讨论了数字技术在乡村教学中的应用，包括远程教育与在线学习、智能教育工具与平台、虚拟现实（VR）与增强现实（AR）技术等，分析了其在乡村教育中的潜力和应用前景。第五章围绕数字化课程设计与教学资源建设，提出了数字化课程设计原则，探讨了适应乡村特色的数字化教学资源开发，并分享了乡村教育数字化教材的创新实践经验。第六章针对乡村教育师资队伍的数字化培训，分析了数字化教育培训的必要性，提出了提高教师数字素养培养的策略与方法，探讨了乡村教育师资队伍数字化培训的具体实施路径。第七章研究了数字化评估与监测体系建设，介绍了学生学业水平评估的数字化工具，探讨了教学质量监测与评估体系的数字化构建，并分析了数字化数据分析在乡村教育评估中的应用。第八章展望了数字化转型的可持续发展，提出了可持续数字化转型的机制建设，强调了社会各方合作促进数字化乡村教育的发展重要性，并分析了未来数字化转型的趋势与挑战。

第二章　数字化转型与中国式教育现代化

第一节　数字化转型的概念与内涵

一、数字化转型的定义

数字化转型指的是通过信息技术和数字技术的应用，实现组织运作、业务模式和管理方式的全面变革，以提高效率、创造价值和实现可持续发展的过程。在教育领域，数字化转型意味着利用现代信息技术手段，如大数据、人工智能、云计算、物联网等，推动教育教学、教育管理和教育服务的创新与变革，提升教育质量，促进教育公平，实现教育现代化。

（一）教育信息化基础设施的建设

教育信息化基础设施是教育数字化转型的基础和前提。智能教室、在线教育平台和数字化教材等设施为教育数字化提供了硬件支持和平台保障。智能教室配备了先进的教学设备，如智能白板、投影仪、电子讲台等，能够实现多媒体教学和互动教学。数字化教材则通过电子书、学习APP等形式，丰富了教学内容，提升了教学效果。

（二）教育管理的数字化

教育管理的数字化是指通过构建教育管理信息系统，实现教育资源的优化配置和高效管理。教育管理信息系统包括学生信息管理系统、教师信息管理系统、教育资源管理系统等。通过这些系统，教育管理者可以实现对学生信息、教师信息、教育资源的全面管理和精准调配，提高管理效率和管理水平。例如，学生信息管理系统可以记录和分析学生的学习数据，帮助教师和管理者了解学生的学习情况，制订个性化的教学策略；教师信息管理系统可以记录教师的教学活动和教学效果，帮助管理者进行教师考核和培训；教育资源管理系统可以记录和管理教育资源的使用情况，帮助管理者优化资源配置，提高资源利用效率。

（三）教学过程的数字化

教学过程的数字化是指通过数字技术手段，实现教学过程的全程数字化和智能化。具体包括线上线下混合教学模式的应用、智能化教学工具的使用、个性化学习路径的设计等。线上线下混合教学模式结合了线上教育和线下教育的优势，通过在线课程和面授课程的有机结合，提高了教学效果和学习效果。智能答题系统、智能辅导系统、虚拟实验室等智能化教学工具，通过人工智能技术和虚拟现实技术，实现了教学过程的智能化和个性化。个性化学习路径的设计则通过大数据分析和人工智能技术，根据学生的学习情况和学习需求，为学生设计个性化的学习路径和学习方案，实现因材施教，提高学习效果。

（四）教育评估的数字化

教育评估的数字化是指通过数据分析技术，构建科学的评价体系，提升教育质量的监测和反馈能力。教育评估的数字化包括学生学业水平评估、教学质量评估、教育资源评估等。通过数据分析技术，可以对学生的学习数据、教师的教学数据、教育资源的使用数据进行全面分析，发现问题、总结经验，为教育决策提供科学依据。例如，通过学生学业水平评估，可以了解学生的学习情况，发现学生的学习问题，制订改进方案；通过教学质量评估，可以了解教师的教学效果，发现教学中的问题和不足，制订改进方案；通过教育资源评估，可以了解教育资源的利用情况，发现资源配置中的问题，优化资源配置，提高资源利用效率。

二、数字化转型的主要特征

（一）技术驱动

数字化转型依赖于先进的信息技术和数字技术的发展，如大数据分析、人工智能、区块链、虚拟现实（VR）和增强现实（AR）等。这些技术的应用改变了传统的教育模式和教育资源的配置方式，使教育更加高效和智能。

1. 大数据分析

大数据分析是教育数字化转型的重要推动力之一。通过对大量教育数据的收集、存储和分析，教育机构可以深入了解学生的学习行为、学习进度和学习效果，从而制订更加精准的教学策略。大数据分析不仅可以帮助教师发现学生的知

第二章 数字化转型与中国式教育现代化

识盲点和学习困惑之处，还可以预测学生的学习趋势，提供个性化的学习建议。大数据技术的应用使得教育决策更加科学化、精细化，有助于提高教育质量，促进教育公平。

例如，在课堂教学中，教师可以通过大数据分析平台，实时监控学生的学习情况，发现学生在学习过程中的问题和不足。通过分析学生的学习数据，教师可以为每个学生量身打造学习计划，提供个性化的辅导和支持，从而提高学习效果和教学质量。

2. 人工智能

人工智能技术在教育中的应用日益广泛。人工智能不仅可以通过智能辅导系统和智能答题系统为学生提供个性化的学习支持，还可以通过智能评估系统进行科学的学业水平评估和教学质量评估。人工智能技术的应用使得教育过程更加智能化和个性化，有助于提高教育质量和教育效率。

例如，智能辅导系统可以根据学生的学习数据，分析学生的学习情况和学习特点，为学生提供个性化的学习建议和学习资源。智能答题系统可以根据学生的答题情况，分析学生对知识的掌握情况，提供个性化的练习题和学习建议。智能评估系统可以根据学生的学习数据，进行科学的学业水平评估和教学质量评估，帮助教师发现教学中的问题和不足，制定改进措施，提高教学效果。

3. 区块链

区块链技术在教育中的应用主要体现在学历认证、教育资源共享和教育数据安全等方面。区块链技术去中心化和不可篡改的特点，可以保障教育数据的安全性和可信度。通过区块链技术，可以实现学历认证的去中心化，保障学历认证的真实性和可信性；可以实现教育资源的共享，保障教育资源的版权和使用权；可以实现教育数据的安全存储和传输，保障教育数据的隐私和安全。

例如，通过区块链技术，可以建立一个去中心化的学历认证系统，记录和验证学生的学历信息，保障学历认证的真实性和可信性。通过区块链技术，可以建立一个去中心化的教育资源共享平台，记录和管理教育资源的使用情况，保障教育资源的版权和使用权。通过区块链技术，可以建立一个去中心化的教育数据存储和传输系统，记录和管理教育数据的存储和传输情况，保障教育数据的隐私和安全。

4. 虚拟现实（VR）和增强现实（AR）

虚拟现实（VR）和增强现实（AR）技术在教育中的应用主要体现在虚拟实验、虚拟实训和虚拟课堂等方面。虚拟现实（VR）和增强现实（AR）技术通过模拟真实的教学环境和教学场景，提高教学的直观性和生动性，增强学生的学习兴趣和学习效果。

例如，通过虚拟现实技术，可以模拟真实的实验环境和实训场景，为学生提供沉浸式的学习体验。学生可以在虚拟实验室中，进行科学实验和技能训练，提高实践能力和动手能力。通过增强现实技术，可以将虚拟的教学内容叠加在真实的教学场景中，提高教学的互动性和趣味性。学生可以通过增强现实设备，进行互动学习和实践活动，提高学习效果和学习体验。

（二）数据导向

在数字化转型过程中，数据成为核心资源。通过收集、存储、分析和应用教育大数据，可以实现对教育过程的精准化管理和个性化教学。数据驱动的决策和管理可以提高教育资源的利用效率，提升教育质量，促进教育公平。

1. 数据收集

数据收集是数据导向的基础。教育机构通过各种数字化手段和技术，全面收集学生的学习数据、教师的教学数据和教育资源的使用数据。这些数据包括学生的学习进度、学习成绩、学习行为等；教师的教学计划、教学活动、教学效果等；教育资源的使用次数、使用时间、使用效果等。通过全面、准确的数据收集，可以为数据分析和数据应用提供可靠的数据基础。

例如，学校可以通过在线教育平台，收集学生的学习数据，如学生的学习时间、学习内容、学习效果等；通过智能教学工具，收集教师的教学数据，如教师的教学活动、教学效果等；通过教育管理信息系统，收集教育资源的使用数据，如教育资源的使用次数、使用时间等。这些数据为数据分析和数据应用提供了可靠的数据基础。

2. 数据存储

数据存储是数据导向的保障。通过云计算技术和大数据存储技术，可以实现教育数据的安全存储和高效管理。云计算技术可以提供大规模的数据存储和计算能力，实现数据的集中存储和管理；大数据存储技术可以提供高效的数据存储和

第二章　数字化转型与中国式教育现代化

检索能力，实现数据的快速存储和检索。通过安全、高效的数据存储，可以为数据分析和数据应用提供可靠的数据保障。

例如，学校可以通过云计算技术，将学生的学习数据、教师的教学数据和教育资源的使用数据，集中存储在云端，实现数据的集中管理和高效利用；通过大数据存储技术，对教育数据进行高效的存储和检索，实现数据的快速存储和检索。

3. 数据分析

数据分析是数据导向的核心。通过数据挖掘、数据分析和数据可视化技术对教育数据进行全面分析，可以发现教育过程中的规律和问题，为教育决策提供科学依据。数据挖掘技术通过对海量数据的深入挖掘，发现数据中的潜在规律和知识；数据分析技术通过对数据的统计分析和建模分析，发现数据中的显著特征和关系；数据可视化技术通过图形和图表的形式，直观展示数据分析的结果，帮助教育管理者和教师理解和利用数据。

例如，学校可以通过数据挖掘技术，对学生的学习数据进行深入挖掘，发现学生的学习行为和学习规律，为个性化教学提供科学依据；通过数据分析技术，对教师的教学数据进行统计分析和建模分析，发现教师的教学效果和教学问题，为教学改进提供科学依据；通过数据可视化技术，对教育数据的分析结果进行图形和图表展示，帮助教育管理者和教师直观理解和利用数据，提高教育决策的科学性和精准性。

4. 数据应用

数据应用是数据导向的目的。通过数据分析的结果，指导教育教学和教育管理，实现教育过程的精准管理和个性化教学。数据应用包括个性化学习方案的制订、教学策略的优化、教育资源的配置等。通过数据分析结果，可以为每个学生制订个性化的学习方案，提供个性化的学习辅导和学习建议；可以优化教师的教学策略，提供教学改进的依据和方向；可以优化教育资源的配置，提高资源利用效率和教育质量。

例如，学校可以通过数据分析结果，为每个学生制订个性化的学习方案，提供个性化的学习辅导和学习建议，提高学生的学习效果；通过数据分析结果，优化教师的教学策略，提供教学改进的依据和方向，提高教学效果；通过数据分析结果，优化教育资源的配置，提高资源利用效率和教育质量。通过数据应用，可以实现教育过程的精准管理和个性化教学，提高教育质量和教育公平。

（三）创新模式

数字化转型不仅是技术的应用，更是教育模式的创新。通过数字技术的应用，可以实现教育教学模式、教育管理模式和教育服务模式的创新。例如，混合教学模式、翻转课堂、在线教育等新型教育模式的出现，使教育更加灵活、多样和个性化。

1. 混合教学模式

混合教学模式（Blended Learning）结合了线上和线下教学的优势，通过在线资源和平台，实现学生自主学习、教师在线辅导和线下互动讨论。这种模式不仅增加了学生的学习自主性和灵活性，还提高了学习效果和教学质量。

（1）线上自主学习

学生可以通过在线平台，随时随地进行自主学习。线上自主学习的灵活性使学生能够根据自己的节奏进行学习，从而更好地掌握学习内容，提高学习效果。

（2）教师在线辅导

教师可以通过在线平台，为学生提供个性化的学习辅导和学习建议。教师可以利用在线答疑、讨论区、虚拟教室等工具，与学生进行实时互动，解答学生的疑问，指导学生的学习过程。通过在线辅导，教师能够及时了解学生的学习进展和问题，有针对性地进行辅导，提升教学效果。

（3）线下互动讨论

学生在完成线上自主学习后，可以在课堂上进行互动讨论和实践活动。教师可以组织学生进行小组讨论、案例分析、实验操作等，增强学生的参与度和积极性。线下互动讨论不仅能帮助学生巩固和深化所学知识，还可以培养学生的合作能力和实践能力，提高学生的学习效果和学习体验。

2. 翻转课堂

翻转课堂（Flipped Classroom）是一种新型教学模式，学生在课前通过在线资源进行自主学习，课堂上进行互动讨论、问题解答和知识应用。这种模式充分利用了数字化资源，改变了传统课堂的教学方式，提高了学生的学习参与度和主动性。

（1）课前自主学习

学生在课前通过在线平台，观看教学视频、阅读电子教材、完成预习任务等，掌握基本知识和概念。课前自主学习使得学生能够在自己的节奏下掌握课程内容，为课堂上的深入讨论和应用打下基础。

（2）课堂互动讨论

学生在课堂上进行互动讨论和实践活动。教师可以组织学生进行小组讨论、案例分析、实验操作等，帮助学生理解和应用知识，解决学习中的问题和疑惑。课堂互动讨论不仅增强了学生的学习参与度，还提高了学生的理解和应用能力。

（3）课后巩固提高

学生在课堂学习后，可以通过在线平台进行复习和巩固，完成作业和测试，进一步提高学习效果。教师可以通过在线平台，及时了解学生的学习情况，提供个性化的学习辅导和学习建议，帮助学生巩固和深化所学知识，提高学习效果。

3. 在线教育

在线教育通过互联网和在线平台，为学生提供丰富的学习资源和学习工具，实现了教育资源的共享和远程教育。在线教育不仅打破了时间和空间的限制，使得学生可以随时随地进行学习，还提高了教育的灵活性和个性化水平。

（1）丰富的学习资源

在线教育平台提供了丰富的学习资源，如视频课程、电子教材、练习题库等，学生可以根据自己的学习需求，选择适合的学习资源和学习路径。丰富的学习资源为学生提供了多样化的学习选择，提高了学习效果。

（2）灵活的学习方式

在线教育打破了时间和空间的限制，学生可以随时随地进行学习。学生可以根据自己的学习进度和学习需求，自主安排学习时间和学习内容，提高了学习的自主性和灵活性。

（3）个性化的学习辅导

在线教育平台提供了智能化的学习辅导和学习建议。通过大数据分析和人工智能技术，在线教育平台可以根据学生的学习情况和学习需求，提供个性化的学习辅导和学习建议，帮助学生提高学习效果。

乡村振兴背景下课堂教学的数字化转型研究

第二节 数字化转型对中国式教育现代化的影响

一、教育资源的优化配置

（一）教育资源共享

数字化技术使教育资源实现了跨校际、跨区域的共享。通过在线教育平台和数字化资源库，偏远地区和贫困地区的学生也能享受到优质的教育资源，缩小了城乡教育差距。

1. 互联网基础设施和数字化资源库

（1）互联网基础设施

互联网基础设施的建设是教育资源共享的基础。高质量的网络连接使得在线教育平台能够顺畅运行，让学生和教师能够随时随地访问教学资源。特别是在偏远和贫困地区，政府和教育机构需要加大投入，改善网络条件，确保所有学生都能平等地获取教育资源。

（2）数字化资源库

数字化资源库是教育资源共享的重要载体。资源库中存储了大量的教学视频、电子教材、练习题库、模拟试题等教育资源。通过数字化资源库，优质教育资源可以实现跨校际、跨区域的共享，使城乡教育资源的差距逐渐缩小。资源库的建设需要高质量教育内容的生产和不断更新，以满足不同地区和不同层次学生的学习需求。

2. 在线教育平台

（1）在线课程和资源

在线教育平台提供了丰富的学习资源，包括视频课程、电子教材、在线测评和互动讨论等。这些资源能够突破地理限制，直接传递到需要的地方。例如，农村学校通过互联网可以接入城市优质学校的课程资源，学生可以享受到同样高质量的教学内容。

第二章 数字化转型与中国式教育现代化

（2）教师资源共享

通过在线平台，教师之间也可以进行资源共享和教学交流。教师可以上传自己的教学资料、课件、教学视频等，供其他教师参考和使用。通过这种方式，不仅可以提升整体教学水平，还可以促进教师之间的专业交流和共同进步。

（3）课外辅导和课后作业

教育资源共享不仅限于课堂教学，还包括课外辅导和课后作业。通过在线平台，学生可以访问各类学习资源，进行自主学习和复习，补充课堂上的不足。这种资源共享模式使得教育资源的分配更加公平，尤其是对偏远和贫困地区的学生来说，他们通过互联网平台获得了更多的学习机会和学习支持。这种模式有效缩小了城乡教育的差距。

（二）智能化资源配置

通过大数据分析和智能化技术，可以实现教育资源的精准配置。教育机构可以根据学生的学习需求和教师的教学特长，智能匹配教学资源，提高教育资源的利用效率和效果。

1. 学生学习需求分析

（1）学习数据收集

通过大数据技术，教育管理者可以全面了解每个学生的学习情况，包括学习进度、学习兴趣、薄弱环节等。在线教育平台可以实时收集学生的学习数据，如观看视频的时间、完成作业的情况、测验成绩等，这些数据为智能化资源配置提供了基础。

（2）个性化学习计划

基于这些数据，智能系统可以为每个学生制订个性化的学习计划，并推荐适合的教学资源和辅导教师。例如，某些学生可能在数学方面表现较弱，系统可以推荐相关的练习题和视频讲解，同时安排数学特长的教师进行个性化辅导。

2. 教师资源优化

（1）教师特长分析

智能化资源配置还能够优化教师的教学任务安排。通过分析教师的教学特长和教学效果，系统可以智能匹配教师和课程，确保每门课程都由最合适的教师来教授。大数据分析可以帮助识别教师的教学风格、教学专长和教学效果，从而实现更精准的教学任务分配。

（2）教学任务分配

系统可以根据教师的特长和学生的需求，合理分配教学任务，确保每个教师的工作负担均衡，提高教学效果。例如，部分教师在科学实验方面经验丰富，可以安排更多的实验课程，而其他教师则可以专注于理论教学。这不仅提高了教学效果，也合理分配了教师的工作负担，提升了整体教学效率。

（三）虚拟实验室

虚拟实验室利用虚拟现实（VR）和增强现实（AR）技术，为学生提供高仿真的实验环境，弥补了传统实验室资源不足的问题，提高了实验教学的效果和安全性。

1. VR 和 AR 技术在实验教学中的应用

（1）虚拟现实技术

虚拟实验室通过 VR 技术，模拟真实的实验环境，使学生能够在虚拟世界中进行实验操作。VR 技术可以提供高度逼真的实验场景，使学生仿佛置身于真实实验室中。例如，化学实验需要消耗大量试剂和器材，而虚拟实验室可以无限次模拟实验过程，学生可以反复操作，直到掌握实验方法和原理。

（2）增强现实技术

增强现实技术则通过将虚拟实验内容叠加在真实世界中，使学生能够在现实环境中看到虚拟的实验现象。AR 技术通过互动性学习可以帮助学生理解复杂的科学原理。例如，学生可以通过 AR 眼镜，看到分子结构的三维模型，进行分子的拆解和组装，从而更直观地理解化学反应过程。

2. 实验教学效果和安全性的提升

（1）提供无限次的实验机会

虚拟实验室的优势在于它可以提供无限次的实验机会，不受传统实验室资源的限制。学生可以在虚拟实验室中进行各种实验，不用担心材料的消耗和设备的损坏。这不仅有助于学生掌握实验技能，还可以培养他们的实验兴趣和动手能力。

（2）提供难以实现的实验环境

虚拟实验室还能够提供一些现实中难以实现的实验环境，如模拟太空中的物理实验或高危环境中的化学反应，使学生能够体验更多样化的实验内容。通过这些特殊实验环境中的实验，学生可以拓宽知识视野，增强科学探究能力。

（3）提高实验教学的安全性

虚拟实验室还提高了实验教学的安全性。传统实验中，一些操作可能存在安全隐患，如高温、高压条件或有毒有害物质的使用，而虚拟实验室通过虚拟技术消除了这些危险，学生可以在安全的环境中进行实验学习。通过虚拟实验室，学生不仅可以学到实际的操作技能，还可以培养科学探究的精神和创新思维，提升实验教学的效果。

（四）个性化辅导

1. 个性化学习计划

（1）学习数据收集

通过大数据技术，智能学习平台可以实时收集学生的学习数据，如观看视频的时间、完成作业的情况、测验成绩等，这些数据为个性化学习计划提供了基础。系统可以全面分析学生的学习情况，了解学生的学习进度、学习兴趣和学习困难。

（2）制订学习计划

基于这些数据，智能系统可以为每个学生制订个性化的学习计划。学生可以根据个性化的学习计划，自主安排学习时间和学习内容，获得个性化的学习辅导和支持。个性化学习计划可以帮助学生更好地掌握学习内容，提高学习效果。

2. 实时学习反馈和指导

（1）在线答疑

智能学习平台可以提供在线答疑功能，学生在学习过程中遇到问题，可以随时向教师提问，获得实时的学习指导和建议。在线答疑不仅提高了学习效果，还增强了学生的学习积极性和主动性。

（2）智能批改

智能学习平台可以提供智能批改功能，学生提交作业后，系统可以自动批改并提供反馈。智能批改不仅提高了批改效率，还可以根据学生的作业情况，提供个性化的学习建议，帮助学生改进学习方法，提高学习效果。

（3）学习分析

智能学习平台可以提供学习分析功能，通过对学生学习数据的分析，了解学生的学习情况和学习需求，为学生提供个性化的学习指导和学习建议。学习分析可以帮助学生发现学习中的问题和不足，采取改进措施，提高学习效果。

二、教育公平性的提升

（一）普及优质教育资源

1. 资源共享的具体实现

（1）名师课堂共享

通过在线平台，名师的课堂录像可以共享，学生可以观看顶尖教师的授课，学习到高质量的知识内容。这种方式使得偏远地区和贫困地区的学生也能享受到优质的教学资源，提升学习质量。例如，北京的优质教学资源可以通过网络传递到西部贫困地区的学校，偏远落后地区的学生通过观看名师课堂，接触到与一线城市学生同等的教育资源。

（2）多样化学习资源

在线平台还可以提供大量的学习资源，如电子书籍、学习软件、教学视频等，供学生自主学习和复习。这些资源不仅丰富了学生的学习内容，还提高了学习的灵活性和自主性。学生可以根据自己的学习需求，随时随地访问这些资源，进行自主学习和复习，提高学习效率。

2. 资源普及的效果

（1）解决教育资源分配不均问题

这种资源普及模式有效解决了传统教育资源分配不均的问题，使得更多的学生能够享受到优质的教育资源。尤其是对于偏远和贫困地区的学生，他们通过在线平台可以获得更多的学习机会和学习支持，提高学习质量，从而促进教育公平。

（2）提高学生学习机会

通过普及优质教育资源，学生的学习机会得到了显著提升。学生可以通过在线平台接触到更多的学习资源和学习机会，提高学习效果和学习体验。例如，农村学生通过在线教育平台可以参加城市名校的课程，享受同样的教育资源，提高学习质量和竞争力。

（二）教育机会均等

1. 资源共享和教育支持

（1）农村学生的教育机会

在线教育平台可以让农村学生学习城市名校的课程，享受同样的教育资源。在线教育平台可以提供丰富的课程资源和学习工具，满足农村学生的学习需求，提高学习效果。例如，农村学生可以通过观看城市名师的授课视频，学习到高质量的知识内容，提升学习质量和竞争力。

（2）经济困难学生的学习支持

经济困难的学生可以通过远程教育平台获得免费的学习资源和学习支持，继续学业。远程教育平台可以提供免费的课程资源、电子教材和学习工具，帮助经济困难的学生解决学习中的困难，提供学习支持。例如，远程教育平台可以提供免费的在线课程和辅导，帮助经济困难的学生顺利完成学业，实现教育机会的均等化。

2. 教育公平性的提升

数字化转型提供了更多的教育机会，实现教育资源的公平分配，数字化平台可以提供丰富的学习资源和学习工具，满足不同学生的学习需求，提高学习效果和学习体验。通过数字化平台，教育资源得到了更公平的分配，使不同背景和条件的学生都能够享受到同样的教育机会，提高了教育的公平性和机会均等化水平。

第三节　数字化转型对中国式乡村教育现代化的价值

一、推动教育现代化和促进教育公平的国家价值取向

从国家层面审视乡村教育数字化转型的价值取向，可以明晰国家对乡村教育数字化转型的引领作用。目前，乡村教育数字化转型的国家价值取向主要集中在推动教育现代化和促进城乡教育公平两个方面。

（一）乡村教育数字化转型推动国家教育现代化的价值

1. 信息化水平差距的弥合

（1）东西部教育信息化差距

中国东部地区和西部乡村教育之间的信息化水平存在显著差距。东部地区由于经济发展较快，教育信息化水平较高，学校普遍配备先进的教育技术和信息设备。而西部乡村地区由于经济发展相对滞后，教育信息化水平较低，教育技术设备落后，信息化教学手段匮乏。这种差距直接影响了教育现代化的整体进程。

（2）数字化转型的作用

乡村教育数字化转型通过引入现代信息技术手段，有效弥合了东西部教育的信息化水平差距。通过数字化教育基础设施的建设，如智能教室、电子白板、多媒体设备等，西部乡村学校可以实现与东部学校同等水平的信息化教学条件。教育信息化的推进，使乡村学校具备了与城市学校同样的教学硬件条件，缩小了城乡教育信息化的差距。

2. 教育数字化转型对乡村教育现代化的促进

（1）教学基础设施的升级

教育数字化转型首先体现在乡村教育教学基础设施的升级改造上。通过建设智能教室、配置现代化的多媒体教学设备和高效的网络环境，乡村学校的教育硬件条件得到显著提升。这些基础设施不仅提高了教学效率，还为学生提供了更加丰富的学习体验，推动了教育现代化的进程。

（2）教育环境的改善

数字化转型还包括教育环境的改善。通过建设智慧教育公共服务平台和乡村教育教学数据库，乡村学校的教育环境得到了全面优化。智慧教育平台为师生提供了便捷的教育资源获取和互动交流渠道，教学数据库则为教学管理和教育决策提供了科学的数据支持。这些措施提升了乡村教育的整体质量，有利于教育现代化的发展。

3. 乡村教育现代化教学体系的构建

（1）现代化教学模式的推广

数字化转型为乡村教育引入了现代化的教学模式。例如，混合教学模式、翻转课堂、个性化学习等教学模式通过数字化平台和工具得以实施，使乡村学校的

第二章 数字化转型与中国式教育现代化

教学方式更加多样化和现代化。这些现代化教学模式不仅提高了教学效果，还培养了学生的自主学习能力和创新思维，推动了教育现代化的发展。

（2）教师专业发展的支持

乡村教育数字化转型还通过教师培训和专业发展支持，提升乡村教师的教学能力和专业素养。通过在线培训、教学资源共享和教学经验交流，乡村教师可以获得与城市教师同等的专业发展机会。教育信息化的推进，使乡村教师具备了现代化的教学理念和教学技能，进一步加快了教育现代化的进程。

4. 数字鸿沟的消除

（1）数据孤岛的打通

数字化转型打通了乡村学校的"数据孤岛"，实现了教育数据的互联互通。通过建立乡村教育教学数据库，教育管理部门可以实时获取乡村学校的教学数据和管理数据，为教育决策提供科学依据。这种数据的互联互通，不仅提高了教育管理的效率，还促进了教育资源的合理配置和教育质量的提升。

（2）数字教育资源的普及

数字教育资源的普及，使得乡村学生可以享受到与城市学生同等的教育资源。通过在线教育平台和数字化资源库，乡村学生可以接触到优质的教育资源和学习内容，提升学习效果和学习质量。这种资源的普及，消除了城乡教育资源分布的不均，促进了教育公平的实现。

5. 乡村教育质量的提升

（1）教学质量的提升

数字化转型通过优化教学内容和教学方法，显著提升了乡村教育的教学质量。现代化的教学手段和丰富的教学资源，使乡村教师能够开展更加生动和高效的教学活动，学生的学习兴趣和学习效果得到了显著提升。教学质量的提升，不仅提高了学生的学业成绩，还增强了学生的综合素质和创新能力。

（2）教育评估和监测

教育数字化转型还通过教育评估和监测体系的建设，提升了乡村教育的质量。通过数据分析技术，教育管理部门可以科学评估学生的学业水平和教师的教学质量，发现和解决教育过程中存在的问题。教育评估和监测体系的建立，为乡村教育质量的持续提升提供了保障，推动了教育现代化的发展。

6. 教育现代化的总体目标

（1）乡村教育现代化的增长

通过教育数字化转型，乡村教育的现代性得到了显著增长。现代化的教育基础设施、现代化的教学模式和现代化的管理手段，使乡村教育具备了与城市教育同等的现代化水平。这种现代化的增长，不仅提升了乡村教育的质量，还增强了乡村学生的竞争力，为实现国家教育现代化的总体目标奠定了基础。

（2）教育现代化的实现

乡村教育数字化转型推动了国家教育现代化的实现。通过全面推进教育数字化转型，乡村教育的各个方面都得到了显著提升，城乡教育的差距逐渐缩小，教育现代化的进程不断加快。国家教育现代化的目标，是要实现教育公平、教育质量和教育效率的全面提升，而乡村教育数字化转型正是实现这一目标的重要途径。

（二）促进城乡教育公平的国家价值取向

1. 缩小城乡教育差距

（1）城乡教育资源差异

受城乡二元结构的长期影响，城乡之间的教育经费投入、教学资源、师资力量等方面存在巨大差异。城市学校拥有充足的教育经费和丰富的教学资源，师资力量雄厚，教育质量较高。而乡村学校由于经济条件有限，教育经费不足，教学资源匮乏，师资力量薄弱，教育质量较低。城乡教育资源差异严重影响了教育公平和教育质量。

（2）数字化转型的作用

乡村教育数字化转型通过引入现代信息技术，有效缩小了城乡教育的差距。通过数字化教育基础设施的建设，乡村学校的教育硬件条件得到了显著提升，与城市学校的差距逐渐缩小。通过数字化资源共享和教育资源的优化配置，乡村学生可以享受到与城市学生同等的教育资源，提升了学习质量和学习效果。

2. 优质教育资源的共享

（1）数字技术的应用

数字技术的有效应用，实现了优质教育资源的共享，破解了教育不均衡的发展难题。通过在线教育平台和数字化资源库，优质教育资源可以突破地域和经济的限制，传递到每个需要的学生手中。名师的课堂录像、丰富的学习资源、现代化的教学工具，为乡村学生提供了高质量的教育资源，提升了其学习效果。

（2）教育资源的分布壁垒

数字技术打破了地域物理环境限制所导致的教育资源分布壁垒，促进了教育公平。数字化平台让乡村学生可以接触到优质的教育资源和学习内容，消除了城乡教育资源的分布差异。优质教育资源的共享，使每个学生都能享受到公平的教育机会，提升了教育质量和教育公平。

3. 教育起点均等的保障

（1）教育起点的均等

在教育教学过程中，合理地使用数字技术能够促进教育起点均等，为过程均等和结果均等提供了形式上的保障。通过数字化平台，学生在起点上获得了平等的教育资源和教育机会，消除了城乡教育起点的不均衡。教育起点的均等，是实现教育公平的基础和前提。

（2）教育过程和结果的均等

通过数字化平台和大数据分析技术，教育过程和结果的均等得到了保障。学生在学习过程中，通过智能学习平台获得个性化的学习辅导和支持，学习效果和学习质量得到了提升。教育过程的均等，使学生在学习过程中获得了平等的机会和支持；教育结果的均等，使学生在学习效果和学习质量上实现了平等。

4. 数字化平台的优势

（1）数字化平台的建设

数字化平台是实现教育公平的重要工具。通过建设完善的数字化平台，教育资源得以共享，教育过程得以监测，教育效果得以评估。数字化平台的建设不仅为学生提供了丰富的学习资源，还为教育管理部门提供了科学的教育数据支持，促进了教育公平的实现。

（2）数字化平台的应用

数字化平台的广泛应用，提高了教育资源的利用效率和教育质量。通过数字化平台，学生可以随时随地访问学习资源，进行自主学习和复习，获得个性化的学习辅导和支持。教育管理部门通过数字化平台，可以实时监测教育过程，科学评估教育效果，优化教育资源配置，提高教育质量。

二、促进乡村振兴战略实施的社会价值取向

一方面，教育受到来自人类社会其他子系统的影响和制约；另一方面，教育也会反作用于人类社会中的政治、经济、文化等系统。从这个意义上来说，乡村教育能促进乡村社会发展。但是，这样的促进作用是受到限制的。如今，乡村教育数字化转型将缩小这样的限制，增强乡村教育对实施乡村振兴战略的促进作用，主要体现在乡村数字治理、乡村数字经济、乡村数字文化等数字乡村建设领域。

（一）乡村教育数字化转型对乡村社会发展的促进作用

1. 乡村教育数字化转型有助于调动乡村数字治理主体的能动性

（1）数字技术的普及与应用

乡村教育数字化转型通过扩大5G、大数据等数字技术在乡村的覆盖范围，降低了数字技术使用的难度。乡村学校和教育主体可以通过数字化手段，更加便捷地获取和使用信息技术。现代数字技术的普及，使乡村学校能够建立智能化管理系统，提高管理效率和教学质量。这不仅提升了学校的数字化水平，还增强了师生的数字素养，为乡村数字治理提供了坚实的基础。

（2）提高教育主体的成就感

乡村教育数字化转型可以帮助乡村学校及教育主体在乡村数字治理中获得成就感。通过使用数字技术，教师和学生能够更高效地完成教学和学习任务，取得更好的教育成果。这种成就感可以激发他们参与乡村数字治理的积极性和主动性。学校作为数字治理的重要主体，通过开展数字化教育，可以提高全体师生的参与意识，增强他们在乡村治理中的能动性。

（3）提升主体参与性和能动性

乡村教育数字化转型还能够积极动员乡村社区和学校参与乡村数字治理。通过开展数字化培训和推广活动，提高乡村居民和师生的数字素养，增强他们的数字技术应用能力。学校通过数字化平台，搭建与社区互动的桥梁，开展数字治理项目，让社区居民参与到乡村治理中来。这种互动不仅可以提升乡村数字治理的效果，还能够增强全体居民的参与感和能动性，从而形成良好的数字治理氛围。

2. 乡村教育数字化转型有助于促进乡村数字经济发展

（1）数字经济与教育的互动

在数字时代，乡村教育要积极助力乡村经济发展，同样乡村经济也需积极服务于乡村教育事业。乡村教育数字化转型通过技术手段，让受教育者更加深刻地理解乡村社会，更加愿意服务乡村社会发展，从而推动乡村经济发展。乡村学校通过开展数字化教育，提高学生的数字技能和创新能力，为乡村经济发展提供人才支持。

（2）激发乡村经济发展的内生动力

乡村教育数字化转型激发了乡村经济发展的内生动力。通过数字化教育，培养出一批懂技术、会管理、善创新的新型农民和乡村企业家，他们成为推动乡村经济发展的重要力量。数字化教育使得乡村居民能够更好地掌握现代农业技术和管理方法，提高生产效率和经济效益，推动乡村经济的可持续发展。

（3）构建可持续发展的乡村数字化经济体系

乡村教育数字化转型引领乡村社会经济建设，构建可持续发展的乡村数字化经济体系。通过数字化教育，乡村居民能够更好地利用互联网平台进行农产品销售和市场推广，扩大市场范围，提高经济收入。数字经济体系的构建，不仅可以提升乡村经济的发展水平，还能促进乡村经济结构的优化和升级，为乡村振兴提供坚实的经济基础。

3. 乡村教育数字化转型有助于重塑乡村数字文化

（1）挖掘乡村文化发展的生长点

乡村教育数字化转型利用数字化技术深度挖掘乡村文化发展的生长点，使得乡村文化在保留自身传统特色和优势的基础上，融入现代化元素。数字化技术的应用，使乡村文化资源得以数字化保存和传播，增强了乡村文化的影响力和吸引力。学校通过数字化教育，传承和弘扬乡村传统文化，培养学生的文化自信和认同感。

（2）构建乡村数字文化生态

乡村教育数字化转型重塑了乡村数字文化生态。通过数字化技术，乡村文化得以创新和发展，形成了现代化的文化生态系统。学校通过开展数字文化活动，推广乡村文化，让学生和居民参与到乡村文化的建设和保护中来。数字文化生

乡村振兴背景下课堂教学的数字化转型研究

态的构建，不仅提升了乡村文化的质量和水平，还增强了乡村社区的凝聚力和向心力。

（3）促进乡村文化与现代化元素的融合

乡村教育数字化转型通过数字化技术，使乡村文化与现代化元素得以融合。学校通过数字化教育，创新乡村文化的表现形式和传播方式，使传统文化焕发出新的生命力。例如，通过数字化平台展示乡村非物质文化遗产，开展数字化艺术创作活动，让学生在学习现代技术的同时，传承和创新乡村文化。乡村文化与现代化元素的融合，不仅丰富了乡村文化的内涵，还提升了乡村文化的竞争力和影响力。

（二）乡村教育数字化转型在乡村振兴战略实施中的具体表现

1. 乡村数字治理的提升

（1）推动数字技术在乡村治理中的应用

乡村教育数字化转型推动了数字技术在乡村治理中的应用。通过建设智慧教育平台和数字治理系统，乡村学校和社区能够更加高效地管理和运行各项事务。例如，通过数字化平台进行村务公开、居民信息管理和公共服务，提升了乡村治理的透明度和效率。数字技术的应用，使乡村治理更加科学和智能，为乡村振兴提供了有力的支持。

（2）增强乡村治理的参与性和透明度

数字化平台的建设和应用，增强了乡村治理的参与性和透明度。乡村居民通过数字平台，参与到乡村治理的各个环节，提出意见和建议，监督治理过程。这种参与不仅提升了治理效果，还增强了居民的参与感和责任感。透明的治理过程，减少了腐败和不公，提升了乡村治理的公信力和合法性。

（3）提升乡村治理的效率和效果

数字化技术的应用，提升了乡村治理的效率和效果。通过数字化平台，乡村治理部门可以实时获取和处理各类信息，快速响应居民需求，解决实际问题。数字技术还可以辅助决策，提高治理的科学性和精准性。例如，通过大数据分析，了解居民的需求和问题，制订科学的治理方案，提高治理的效果和满意度。

2. 乡村数字经济的发展

（1）数字化农业的推广

乡村教育数字化转型促进了数字化农业的推广。通过数字化教育，乡村居民掌握了现代农业技术和管理方法，提高了农业生产效率和经济效益。例如，通过使用智能农机和精准农业技术，农民能够更高效地进行耕作和管理，减少了劳动强度和生产成本，提高了产量和收益。数字化农业的推广，为乡村经济发展提供了新的动力。

（2）乡村电子商务的兴起

乡村教育数字化转型推动了乡村电子商务的兴起。通过数字化教育，乡村居民学会了使用电子商务平台进行农产品销售和市场推广。电子商务的兴起，拓宽了农产品的销售渠道，增加了农民的收入。例如，通过直播带货、网上商店等方式，农民可以直接将农产品销售给消费者，减少了中间环节，提高了经济效益。乡村电子商务的发展，为乡村经济注入了新的活力。

（3）数字化创业的支持

乡村教育数字化转型支持了乡村居民的数字化创业。通过数字化教育，乡村居民掌握了数字化创业的技能和方法，增强了创业能力。例如，通过学习电商运营、网络营销、数字媒体等技能，乡村居民能够利用互联网平台进行创业，开创自己的事业。数字化创业不仅增加了就业机会，还提升了乡村经济的多样性和创新性，为乡村振兴提供了有力的支持。

3. 乡村数字文化的重塑

（1）数字文化资源的开发和利用

乡村教育数字化转型促进了乡村数字文化资源的开发和利用。通过数字化技术，乡村文化资源得以数字化保存和传播。例如，乡村非物质文化遗产、传统手工艺、民俗活动等，通过数字化平台进行展示和推广，提升了乡村文化的影响力和吸引力。数字文化资源的开发和利用，不仅丰富了乡村文化的表现形式，还为乡村文化的传承和创新提供了新的途径。

（2）乡村文化活动的数字化

乡村教育数字化转型推动了乡村文化活动的数字化。通过数字化平台，乡村社区可以开展各类文化活动，如线上演出、数字展览、文化讲座等。例如，传统的乡村节庆活动通过直播形式向更多的观众展示，增强了活动的影响力和参与度。数字化文化活动不仅丰富了乡村居民的文化生活，还促进了乡村文化的传播和交流。

（3）乡村文化品牌的打造

乡村教育数字化转型助力乡村文化品牌的打造。通过数字化技术，乡村社区可以将本地特色文化进行品牌化推广。例如，通过数字平台宣传当地的非物质文化遗产、传统美食、手工艺品等，提升乡村文化品牌的知名度和美誉度。乡村文化品牌的打造，不仅提升了乡村文化的竞争力，还带动了乡村旅游和文化产业的发展，为乡村振兴提供了重要支撑。

三、提升乡村学生素养的育人价值取向

数字技术融入乡村教育，有利于全面贯彻党的教育方针，落实立德树人根本任务。从过程来看，乡村教育数字化转型推动了乡村育人模式变革；从结果来看，乡村教育培养了具有较高数字素养水平的乡村人才，促进了乡村学生的全面发展。

（一）乡村教育数字化转型推动育人模式变革

乡村教育数字化转型不仅是技术的革新，更是教育理念和育人模式的深刻变革。这种变革不仅提升了乡村教育的质量和效率，还为乡村学生的全面发展提供了新的路径。

1. 借助数字技术提升学习效率

（1）快速搜集学习资料

乡村学生通过数字技术，能够快速搜集和整理学习资料，提升学习效率。现代化的数字平台和搜索引擎，使学生可以轻松获取海量的学习资源，从而在较短时间内掌握大量知识。例如，通过在线图书馆和学术数据库，学生可以查阅最新的研究成果和学术论文，丰富自己的知识储备。

（2）积极参与课堂学习

数字技术还提高了乡村学生参与课堂学习的积极性。通过互动白板、电子教室和虚拟现实技术，课堂变得更加生动有趣，极大增强了学生的学习兴趣和积极性。例如，使用虚拟现实技术进行历史课教学，学生可以身临其境，感受历史事

第二章 数字化转型与中国式教育现代化

件,增强学习体验和理解。

2. 数字算法技术的应用

（1）建立教与学的大数据库

数字算法技术可以根据乡村学生的学习特征、学习偏好、学习风格和学习需求,建立教与学的大数据库。这些数据的收集和分析,为教育决策提供了科学依据。例如,通过数据分析,教师可以了解每个学生的学习进度和学习效果,及时调整教学策略,提高教学效果。

（2）精准生成学习者画像

通过大数据和人工智能技术,可以精准生成学习者画像。学习者画像包括学生的学习能力、学习兴趣、学习行为等方面的信息,为个性化教学提供了数据支持。例如,某些学生在数学方面表现较好,系统可以为其推荐更具挑战性的数学题目和课程,帮助学生进一步提升数学能力。

（3）生成全学段数字档案

数字档案的建立,为学生的全学段学习提供了全面、科学地记录和诊断。这些数字档案不仅记录了学生的学业成绩,还包括学生的学习过程、学习态度和学习习惯。例如,通过分析学生的数字档案,教师可以了解学生的学习习惯,从而帮助学生养成良好的学习习惯,提高学习效果。

3. 优质学习资源的输送

（1）经济发达地区的支持

近年来,经济发达地区的学校和教育机构为乡村学生输送了大量优质的学习资源。例如,深圳市研发了7866个在线教学课程资源包,免费开放1.4万节优质课,打造了教育云资源平台,实现了在线教学资源的扩容提质。这些优质资源的输送,为乡村学生提供了丰富的学习资源,提升了学习效果。

（2）数字技术的应用

数字技术的应用,使得优质学习资源高效地传递到乡村学校。例如,通过云计算和大数据技术,优质的教学视频、电子教材和在线课程可以快速传递到乡村学校,满足乡村学生的学习需求。这些资源的应用,不仅提升了乡村教育的质量,还缩小了城乡教育的差距。

4.终身学习的供给和反馈机制

（1）终身学习网络的构建

乡村学校通过数字技术，完善终身学习的供给和反馈机制，为乡村受教育者的终身学习提供保障。"线上＋线下混合式"终身学习网络的建立，让乡村学生可以随时随地进行学习，丰富了学习方式。例如，学生可以通过在线平台学习新的知识和技能，提升自身的综合素质和竞争力。

（2）终身学习组织的构建

乡村教育数字化转型还促进了乡村终身学习组织的构建。通过建立乡村终身学习组织，推动知识创新和文化传承。例如，通过设立乡村学习中心，提供各类学习资源和学习机会，满足乡村居民的终身学习需求。这些学习组织的构建，为乡村教育的可持续发展提供了有力支持。

（二）提升乡村学生数字素养的育人价值取向

乡村教育数字化转型不仅提升了教学质量和效率，还显著提升了乡村学生的数字素养水平，包括信息意识、计算思维、数字化学习与创新、信息社会责任等方面。

1.提升乡村学生的信息意识

（1）信息意识的培养

信息意识是指学生对信息的敏感度和判断力。乡村教育数字化转型通过数字技术的应用，提升了学生的信息意识。例如，通过使用搜索引擎和在线数据库，学生可以快速获取和筛选信息，培养了其良好的信息意识和信息素养。

（2）构建信息利用模式

数字技术的应用，帮助乡村学生构建了利用数字技术解决问题的行动模式。例如，学会数据分析和信息处理技术，学生能够高效地处理和利用信息，解决实际问题。信息利用模式的构建，不仅提升了学生的学习效果，还增强了学生的实际应用能力。

2.提升乡村学生的计算思维

（1）计算思维的培养

计算思维是指通过逻辑推理和算法设计解决问题的思维方式。乡村教育数字化转型通过编程教育和算法学习，培养了学生的计算思维。例如，通过学习编程语言和算法设计，学生能够理解和应用计算思维，解决复杂的问题。

（2）问题抽象与分解

计算思维包括问题抽象和分解的能力。通过数字化教育，学生在解决实际问题的过程中，逐步形成了问题抽象和分解的能力。例如，通过编写程序，学生能够将复杂的问题分解为多个简单的步骤，逐步解决问题。这种能力的培养，提升了学生的逻辑思维和解决问题的能力。

3. 提升乡村学生的数字化学习与创新

（1）数字化学习平台的选择

乡村教育数字化转型帮助学生科学合理地选择数字平台、数字设备和数字技术。例如，通过学习不同的数字平台，学生可以选择适合自己的学习工具，提高学习效率。数字化学习平台的选择，不仅提升了学习效果，还培养了学生的自主学习能力。

（2）创新能力的培养

数字化教育还培养了学生的创新能力。例如，通过参加数字化创新项目和竞赛，学生能够运用数字技术进行创新实践，提升创新能力。数字化创新能力的培养，不仅能提升学生的综合素质，还能增强学生的竞争力。

4. 提升乡村学生的信息社会责任

（1）信息社会责任意识

乡村教育数字化转型重视提升学生的信息社会责任意识。例如，通过信息伦理教育和数字公民教育，学生能够理解和遵守信息社会的伦理和规范，培养良好的信息社会责任意识。信息社会责任意识的提升，不仅规范了学生的行为，还增强了学生的社会责任感。

（2）数字安全意识

数字安全意识是信息社会责任的重要组成部分。通过数字安全教育，学生能够理解和掌握基本的数字安全知识，提升数字安全意识。例如，通过学习网络安全、信息保护等知识，学生能够有效保护个人信息和隐私，避免数字安全风险。数字安全意识的提升，为学生安全使用数字技术提供了保障。

第四节　教育创新与数字技术的融合

一、多媒体技术与教学内容的整合

多媒体技术通过文字、图片、视频、动画等多种形式，丰富了教学内容，增强了教学的直观性和生动性。教师可以利用多媒体技术，制作生动的课件，展示复杂的概念和过程，增强学生的理解和记忆效果。

1. 多媒体技术的应用

（1）文字与图片

文字和图片是多媒体技术中最基本的元素。通过文字和图片的结合，教师可以清晰地传达知识点和概念。例如，在地理课上，教师可以通过展示地图和地理照片，帮助学生更直观地理解地理知识。文字和图片的结合，使得教学内容更加丰富和具体，让学生更好理解所学知识。

（2）视频与动画

视频和动画是多媒体技术中最具生动性的元素。通过视频和动画，教师可以展示动态的过程和复杂的概念，增强学生的学习兴趣和记忆效果。例如，在历史课上，教师可以播放历史事件的纪录片，让学生身临其境地感受历史事件的发生过程；在生物课上，教师可以通过动画展示细胞分裂的过程，使学生更直观地理解生物学原理。

（3）音频与音效

音频和音效是多媒体技术中不可忽视的元素。通过音频和音效，教师可以增强教学内容的感染力和吸引力。例如，在音乐课上，教师可以播放音乐作品，帮助学生理解音乐的节奏和旋律；在外语课上，教师可以播放录音，帮助学生练习听力和口语。音频和音效的应用，使得教学内容更加丰富和多样，提升了学生的学习体验。

2. 多媒体课件的制作

（1）课件设计

课件设计是多媒体技术应用的核心环节。教师需要根据教学目标和学生的学习需求，合理设计多媒体课件的内容和形式。例如，在数学课上，教师可以通过动画展示几何图形的变换过程，帮助学生理解几何原理；在物理课上，教师可以通过视频展示物理实验的过程，增强学生的实验操作能力。合理的课件设计，可以提升教学的效果和质量。

（2）多媒体素材的选择

多媒体素材的选择是课件制作的关键环节。教师需要根据教学内容和教学目标，选择合适的多媒体素材。例如，在化学课上，教师可以选择化学实验的视频素材，帮助学生理解化学反应的过程；在历史课上，教师可以选择历史事件的纪录片素材，增强学生对历史事件的感知。合适的多媒体素材，可以提升学生的学习兴趣和学习效果。

（3）课件制作工具

课件制作工具是多媒体课件制作的重要工具。教师可以利用各种课件制作工具，如PowerPoint、Prezi、Keynote等，制作生动的多媒体课件。例如，通过PowerPoint，教师可以制作包含文字、图片、视频和动画的多媒体课件，展示复杂的概念和过程；通过Prezi，教师可以制作动态的演示文稿，增强课件的互动性和生动性。合适的课件制作工具，可以提升多媒体课件的质量和效果。

3. 多媒体技术在教学中的应用案例

（1）科学课

在科学课上，教师可以利用多媒体技术展示实验过程和科学原理。例如，通过播放化学实验的视频，展示化学反应的过程，帮助学生理解化学反应的原理；通过播放物理实验的视频，展示物理现象的发生过程，增强学生的实验操作能力。多媒体技术的应用，使得科学课的教学内容更加生动和具体，提升了学生的理解效果。

（2）地理课

在地理课上，教师可以利用多媒体技术展示地理现象和地理知识。例如，通过展示地图和地理照片，帮助学生理解地理知识；通过播放地理纪录片，展示地理现象的发生过程，巩固学生的地理知识。多媒体技术的应用，使得地理课的教学内容更加直观和生动，提升了学生的学习效果。

（3）历史课

在历史课上，教师可以利用多媒体技术展示历史事件和历史人物。例如，通过播放历史事件的纪录片，展示历史事件的发生过程，帮助学生理解历史知识；通过展示历史照片和历史文献，展示历史人物的事迹，增强学生对历史人物的了解。多媒体技术的应用，使得历史课的教学内容更加具体和生动，提升了学生的学习体验。

二、人工智能技术与个性化学习的整合

（一）人工智能技术在教育中的角色和意义

1. 提高教学效率的手段

人工智能技术（Artificial Intelligence，AI）在教育领域的应用，已经从理论探讨进入到实践操作的阶段，成为教育信息化的重要驱动力。AI技术通过数据分析、模式识别、机器学习等手段，能够为教育工作者提供有力的支持，推动教育教学模式的创新与变革。

AI技术在教育中的应用，可以大大提高教学效率。通过自动化处理大量的教学数据，AI能够帮助教师减少在数据分析和教学管理上的工作量，使教师能够将更多的精力投入到教学内容的准备和学生的个性化指导上。AI技术能够对学生的学习数据进行实时分析，生成详细的学习报告，帮助教师全面了解学生的学习情况和进度。在传统的教学模式中，教师需要花费大量时间和精力收集和整理学生的学习数据，如考试成绩、作业表现、课堂参与情况等。随着学生人数的增加，这项工作变得越来越繁重，甚至难以完成。而AI技术通过自动化的数据处理和分析，能够在短时间内完成这些工作，为教师节省了大量的时间和精力。此外，AI技术还能够提供实时的反馈和指导。通过对学生学习数据的实时分析，AI技术能够及时发现学生的学习问题，并提供相应的解决方案。例如，当学生在某一知识点上表现不佳时，AI系统可以及时提醒教师，并推荐相关的教学资源和辅导材料，帮助学生解决学习难题。这样的实时反馈和指导，不仅提高了教学效率，也提高了学生的学习效果。

2. 个性化学习的支持

AI技术可以为个性化学习提供精准的支持。个性化学习的核心在于根据每

个学生的具体情况，制订个性化的学习方案和路径。AI技术通过对学生学习数据的深度挖掘和分析，能够精准定位每个学生的学习难点和知识盲区，提供有针对性的学习建议和资源，帮助学生高效学习。

个性化学习不同于传统的"一刀切"教学模式，它强调根据每个学生的学习特点和需求，提供个性化的学习内容和学习方式。AI技术通过对学生的大数据分析，能够全面了解学生的学习情况，包括学习兴趣、学习习惯、知识掌握情况等，从而为每个学生量身定制个性化的学习方案。

例如，AI技术可以通过学习行为分析，发现学生在学习过程中遇到的困难和问题，并提供相应的解决方案。当学生在某一知识点上反复出错时，AI系统可以推荐相关的辅导材料和练习题，帮助学生巩固知识，提升学习效果。此外，AI技术还可以根据学生的学习进度，动态调整学习计划，确保每个学生都能按照自己的节奏进行学习。

通过个性化的学习方案和学习路径，学生可以根据自己的实际情况，选择最适合自己的学习内容和学习方式。这不仅提高了学生的学习兴趣和积极性，也提高了学习的效率和效果。

（二）智能化教学辅助工具的应用

1. 智能答疑系统

在实际应用中，智能化教学辅助工具已经展现出了巨大的潜力和优势。例如，智能答疑系统能够在学生遇到问题时，实时提供详细的解答。通过自然语言处理（Natural Language Processing，NLP）技术，智能答疑系统能够理解学生的提问，并根据知识库中的信息，提供准确的答案。这不仅提高了学生的学习效率，也减轻了教师的负担。

智能答疑系统的工作原理是通过NLP技术，对学生的提问进行语义分析，识别出提问的关键内容和意图，然后从知识库中检索相关的答案，并提供给学生。随着机器学习技术的发展，智能答疑系统的回答准确性和全面性不断提高，能够满足学生多样化的学习需求。

智能答疑系统不仅能够回答学生的具体问题，还可以提供相关的学习建议和资源。例如，当学生在学习过程中遇到困难时，智能答疑系统可以推荐相关的学习资料和辅导课程，帮助学生解决问题。同时，智能答疑系统还可以根据学生的提问记录，分析学生的学习情况，发现学生的知识盲区和学习难点，为教师提供有针对性的教学建议。

通过智能答疑系统，学生可以在学习过程中随时得到帮助，不再需要等待教师的答疑时间。这不仅提高了学生的学习效率，也提高了学生学习的自主性和积极性。

2. 智能评卷系统

传统的考试评卷工作量大、效率低且易受主观因素影响。而智能评卷系统通过图像识别和机器学习技术，能够快速、准确地评估学生的答题情况，减轻教师的工作负担，同时提高评分的客观性和公正性。

智能评卷系统的工作原理是通过图像识别技术，对学生的答卷进行扫描和识别，然后通过机器学习算法，对答题情况进行自动评估和评分。这样的评卷方式不仅提高了评卷的效率和准确性，也减少了人为因素对评分的影响，提高了评分的客观性和公正性。

智能评卷系统不仅能够快速完成大量答卷的评估，还能够提供详细的评分分析和反馈。例如，智能评卷系统可以对学生的答题情况进行统计分析，发现学生对某一知识点的掌握情况，并提供相应的教学建议。此外，智能评卷系统还可以根据学生的答题记录，生成详细的学习报告，帮助教师全面了解学生的学习情况和进度。

智能评卷系统可以大大减少教师评卷的工作量，让教师可以将更多的时间和精力投入到教学内容的准备和学生的个性化指导上，这不仅提高了教学效率，也提高了教学质量。

（三）个性化学习资源推荐系统

1. 个性化资源推荐的原理

AI技术还可以通过智能推荐系统，为学生提供个性化的学习资源推荐。智能推荐系统通过分析学生的学习行为数据，如观看视频的时间、完成练习的正确率、提问和讨论的内容等，生成学生的学习画像，并据此推荐最适合他们的学习资源和学习路径。这不仅提高了学生的学习效率，也使学习过程更加有趣和有针对性。

智能推荐系统的工作原理是通过大数据分析和机器学习算法，对学生的学习行为数据进行深度挖掘和分析，生成学生的学习画像。学习画像是对学生学习行为和学习特征的全面描述，包括学习兴趣、学习习惯、知识掌握情况等。通过学习画像，智能推荐系统能够全面了解学生的学习需求和学习特点，从而为学生推荐最适合的学习资源和学习路径。

2. 实际应用案例

一些在线教育平台已经开始应用智能推荐系统，为学生推荐个性化的学习资源。这些平台通过对学生学习数据的分析，能够精准识别学生的学习需求和兴趣，从而推荐最适合他们的学习资源，如视频课程、电子书籍、在线练习等。这样，学生可以根据自己的实际情况，选择最适合自己的学习材料，避免了"一刀切"式的教学模式，提高了学习的效率和效果。

智能推荐系统不仅能够提高学生的学习效率，还能够提高学生的学习兴趣和积极性。通过个性化的学习资源推荐，学生可以根据自己的兴趣和需求，选择自己喜欢的学习内容和学习方式。此外，智能推荐系统还可以根据学生的学习反馈，动态调整推荐方案。当学生在学习过程中遇到困难时，智能推荐系统可以推荐相关的辅导材料和练习题，帮助学生解决问题；当学生完成某一学习任务时，智能推荐系统可以推荐下一步的学习内容，帮助学生稳步提高。通过智能推荐系统，学生可以在学习过程中随时得到帮助和指导，提高了学习的自主性和积极性。

（四）动态调整学习路径的AI技术

1. 动态调整的必要性

AI技术在个性化学习中的另一个重要应用是动态调整学习路径。个性化学习并不是一个静态的过程，而是需要根据学生的学习进度和反馈，不断对学习路径进行调整和优化。AI技术通过对学生学习数据的实时监控和分析，能够动态调整学生的学习路径，确保每个学生都能按照自己的节奏进行学习。

动态调整学习路径的必要性在于学生的学习进度和学习需求是不断变化的。在学习过程中，学生可能会遇到各种各样的困难和问题，学习进度可能会受到各种因素的影响。传统的固定学习路径难以满足学生多样化和个性化的学习需求。而AI技术通过实时监控和分析学生的学习数据，能够动态调整学习路径，确保每个学生都能按照自己的节奏学习。

2. 实际应用案例与效果

在实际应用中，动态调整学习路径的 AI 技术已经在许多教育平台和机构中得到应用。例如，一些在线教育平台利用 AI 技术，实时监控学生的学习进度和表现，根据学生的学习情况动态调整学习计划和学习路径。这些平台通过对学生的学习行为数据进行深度分析，发现学生在学习过程中遇到的困难和问题，及时提供相应的辅导和支持，确保学生能够顺利完成学习任务。

具体来说，当学生在某一知识点上遇到困难时，AI 系统可以及时识别并推荐相关的辅导材料或练习题，帮助学生加深理解，巩固知识。例如，某学生在学习数学时，对某个特定的公式理解不透彻，AI 系统通过分析学生的练习表现和错误率，识别出这一问题，并推荐相关的辅导视频和详细讲解，帮助学生解决问题。此外，AI 系统还可以根据学生的学习进度，动态调整学习计划。当发现学生的学习速度过快或过慢时，AI 系统可以及时进行相应的调整，确保每个学生都能按照最适合自己的节奏进行学习。例如，对于学习速度较快的学生，AI 系统可以推荐更具挑战性的学习内容和任务；对于学习速度较慢的学生，AI 系统可以提供更多的练习和复习材料，帮助他们巩固基础知识，提高学习效果。

第三章 乡村教育现状分析

第一节 乡村教学资源与师资情况

一、教学资源的现状

乡村教育的发展受限于教学资源的匮乏和不均衡配置。尽管政府和社会各界不断努力改善乡村教学资源，但现实情况依然严峻。

（一）农村教育硬件资源配置不平衡

近年来，人们在致力于不断提升物质生活水平的同时，也逐渐加大了对下一代教育工作的关注力度。各类辅导班、补习班如同雨后春笋般出现在大街小巷，国家政府对于教育事业的投入也在不断增加。但是目前这些关注和投入大部分集中在城市地区，我国农村整体教育事业的薄弱情况仍未得到根本性改善，城乡区域和农村区域之间的教育差距依然在逐步增大，其中最为典型的应属实行分级式办学制度，即"村办小学、乡办初中、县办高中"的办学模式，相应教学经费由各级地方政府按照县、镇、乡、村依次支付，这样做的后果是各个县级政府的教育投入经费分别集中到各自管辖范围的高中，对农村基础教育的投入不足。加之农村地区经济发展速度较慢和传统观念的影响，导致长期以来教育资源配置不合理，形成了城市教育基本实现现代化，而农村教学仍然依靠课本、粉笔、教师的传统教学模式，无法很好地达成新时期教学指导文件中提出的要求。

1. 教学设施的匮乏

（1）基础设施落后

乡村学校的教学基础设施普遍落后，许多学校缺乏现代化的教学设备，如电脑、投影仪、多媒体教室等。这些设备的匮乏，使得现代化教学手段难以在乡村学校得到应用，学生无法享受到先进的教学资源。例如，一些乡村学校基本没有实验室和实验设备，学生无法进行科学实验和实践操作，严重影响了理科课程的教学效果。

（2）网络设施不完善

网络设施的落后是乡村学校面临的另一个重要问题。尽管近年来国家大力推进"互联网+教育"，但在许多偏远乡村地区，网络设施依然不完善，许多学校难以接入高速互联网。这导致在线教育资源难以得到有效利用，学生无法通过网络获取丰富的学习资源和在线课程，进一步加剧了城乡教育资源的差距。

2. 资金投入不足

（1）地方政府财政压力大

乡村学校的资金主要依赖地方政府的财政投入，而许多农村地区的地方政府财政状况不佳，教育经费严重不足。例如，一些地方政府由于经济基础薄弱，难以为学校提供足够的经费支持，导致学校在教学设备更新和基础设施建设方面捉襟见肘。

（2）社会捐助渠道有限

相比城市学校，乡村学校获得社会捐助的渠道较少，社会捐助的金额也相对较少。尽管一些公益组织和企业会对乡村教育进行捐助，但由于信息的不对称和捐助渠道不畅，许多乡村学校难以获得持续的资金支持，教育资源的匮乏问题没有得到根本解决。

3. 资源分配不均

（1）城乡差距明显

城乡教育资源分配存在显著差距，城市学校在教学设备、师资力量和教学资源等方面占据明显优势，而乡村学校在这些方面则严重不足。例如，城市学校拥有先进的实验室、多媒体教室和丰富的教学资源，而乡村学校则缺乏这些基本设施和资源，学生的学习条件和学习效果差距明显。

（2）区域内部差距大

即使在乡村内部，不同地区之间的教育资源分配也存在显著的差异。经济较发达的乡村地区，由于地方政府财政状况较好，学校的教学设施和教学资源相对较好，而经济落后的乡村地区，学校的教学设施和资源则相对匮乏。例如，一些经济发达地区的乡村学校可以通过地方政府和社会捐助获得较多的教育资源，而经济落后地区的乡村学校则难以获得足够的资源支持，教学质量差距明显。

（二）农村教育软件资源配置不平衡

与城乡地区教育事业相比，农村教育资源除了在硬件上存在不可忽视的差距，在软件方面同样存在不均衡之处，这里的软件指的是无法通过物质手段得到的教学资源，包括学校管理制度和校园文化环境等。

1. 学校管理制度不健全

（1）管理水平低

乡村学校的管理水平普遍较低，管理制度不健全。例如，一些学校在教学管理、教师考核和学生评价等方面缺乏系统性和规范性，管理效率低下，教学质量难以提升。

（2）领导素质参差不齐

乡村学校管理领导的素质参差不齐，缺乏现代教育管理的理念和技能。例如，一些学校的校长和教务主任没有接受过专业的教育管理培训，对现代教育管理方法和手段不了解，管理效果差。

（3）学校管理思想落后

由于缺乏与外界交流和学习的机会，乡村学校管理思想普遍落后，办学理念陈旧。例如，一些学校在管理上仍沿用传统的管理模式，缺乏创新和改革意识，难以适应现代教育的发展需求。

2. 校园文化环境缺乏活力

（1）校园文化活动少

由于资源和经费的限制，乡村学校的校园文化活动较少，学生的课外生活单调乏味。例如，一些学校由于缺乏体育器材和文艺活动设备，学生的体育和文艺活动得不到有效开展，课外生活缺乏丰富性和多样性。

（2）学校文化氛围淡薄

乡村学校由于缺乏先进的教育理念和丰富的文化活动，学校文化氛围普遍淡薄。例如，一些学校没有开展校园文化建设活动，学生缺乏参与校园文化活动的机会，学校文化氛围不浓厚，学生对学校的归属感和认同感差。

（3）校园文化建设滞后

由于管理思想和经费的限制，乡村学校的校园文化建设相对滞后，难以营造与时俱进的、活跃的校园文化氛围。例如，一些学校在校园文化建设上缺乏系统地规划和投入，校园文化活动单一，学生的文化素养和综合素质难以提升。

二、师资队伍的现状

乡村振兴战略是以新农村建设为基础，与中国新时代经济发展相结合，针对农村发展现状提出的全新战略。实现乡村振兴战略的重要前提条件是有大批适应新时代农村建设需要的、热爱农村建设事业的高素质人才，而高素质人才的培养，主要依靠教育。乡村教育的主体对象是生长在乡村的孩子，乡村教育应该从儿童时代起就重视培养他们热爱家乡的情怀和献身乡村振兴事业的壮志。从这个意义上说，乡村振兴战略成败的关键在乡村教育，乡村教育的成败关键在乡村教师。乡村教师是我国乡村教育的中坚力量，教育行政部门应该把乡村教师队伍建设摆在优先发展的战略地位。

（一）乡村教师队伍建设存在的问题

振兴乡村教育的关键是提高乡村教师队伍的专业素质。只有不断提升乡村教师的专业素质，才能实现乡村教育振兴的目标。但是，就当前整体状况来说，乡村教育存在着一些问题，使乡村教师队伍建设陷入了困境，影响了乡村教育的可持续发展。

1. 乡村教师队伍结构严重失衡

乡村教师队伍普遍存在结构失衡的问题，主要表现在以下几个方面：

（1）乡村教师队伍职称结构失衡

乡村教师队伍普遍存在职称结构不合理的问题。职称结构的失衡主要表现在初级职称和中级职称的教师较多，而高级职称教师严重不足。职称不仅代表着教师的教学能力和专业水平，更关系到教师的待遇和职业发展，因此职称结构的合理与否直接影响到教师队伍的整体素质和教育质量。

①初级和中级职称教师比例过高

在乡村学校中，初级职称和中级职称教师占据绝大多数。这些教师往往是刚刚进入教育行业的年轻教师或者工作多年但由于种种原因未能晋升高级职称的教师。初级职称教师大多刚毕业不久，缺乏丰富的教学经验和深厚的专业知识；中级职称教师虽然具备一定的教学经验，但在教学研究和教育创新方面相对欠缺。

②高级职称教师严重不足

相比之下，高级职称教师在乡村学校中极为稀少。这不仅导致教学质量难以提升，也使得乡村教师队伍缺乏学术引领和示范作用。高级职称教师通常具有丰富的教学经验和较高的学术水平，能够在教学研究、课程改革、教师培训等方面发挥重要作用。他们的缺位使乡村学校难以形成良好的教学研究氛围，教师的专业发展也受到限制。

（2）乡村教师队伍性别结构失衡

乡村教师队伍中性别结构失衡现象也较为突出。整体上看，女教师的比例偏高，尤其是近几年新进教师中女教师的占比一直居高不下。这种性别结构失衡的问题，既是乡村教育的现状，也对乡村学校的管理和教学产生了深远的影响。

①女教师比例偏高的现状

在乡村学校中，女教师的比例显著高于男教师。近年来，随着更多女性进入教育行业，这一比例还在不断增加。虽然女教师在教学中具有细致、耐心的优势，但性别比例的失衡也带来了一些问题。尤其是在乡村学校，男教师的缺乏对学校管理、学生行为引导等方面产生了不利影响。

②性别结构失衡的影响

首先，女教师比例偏高使得学校在管理和教学中缺乏男性教师的力量。在很多乡村学校，特别是中小学，男教师的角色尤为重要，他们不仅在体育教育、纪律管理等方面具有优势，还能够为学生提供更多的男性榜样。其次，女教师比例过高还可能导致教师工作压力的增加和工作负担的不均衡，影响到教师的身心健康和工作积极性。

（3）乡村教师队伍年龄结构失衡

乡村教师队伍的年龄结构失衡现象同样严重。年轻教师的比例逐渐提高，但同时教师的年龄老化问题也十分突出。年龄结构的不合理，不仅影响了教师队伍的稳定性和教学质量，也制约了乡村教育的可持续发展。

①年轻教师比例的提高

近年来，乡村学校新进的年轻教师数量逐渐增加。这些年轻教师充满活力和创新精神，能够为乡村教育带来新的理念和方法。然而，由于缺乏教学经验和专业指导，他们在实际教学中往往面临较大的挑战和压力。如何有效地培养和留住这些年轻教师，成为乡村教育的重要课题。

②教师老龄化现象严重

乡村学校教师的年龄老化问题也十分突出。许多教师已经在乡村学校工作了几十年，年龄普遍偏大。老龄化问题不仅影响了教师的工作效率和教学效果，还增加了学校的管理难度。许多年纪较大的教师在教学理念和教学方法上往往较为保守，难以适应现代教育的需要。

（4）乡村教师队伍学科结构失衡

乡村教师队伍的学科结构失衡也是一个突出问题。语文、数学、外语等基础学科的教师数量较为充足，有的学校甚至略显过剩；而音乐、体育、美术等课程的师资则严重匮乏。这种学科结构的不合理，不仅影响了学生的全面发展，也制约了乡村教育整体水平的提升。

①语数外课程师资的过剩

在乡村学校，语文、数学、外语等基础学科的教师数量较为充足。这是因为很多学校为了提高学生的考试成绩，重点配置了这些学科的教师资源。然而，这种配置方式往往导致这些学科教师数量过多，造成了资源浪费。例如，在一些乡村学校，语文和数学教师的比例远高于其他学科，导致其他课程的教学受到影响。

②音体美等课程师资的匮乏

相比之下，音乐、体育、美术等课程的教师则严重不足。这些课程对学生的全面发展具有重要作用，能够培养学生的兴趣爱好和综合素质。然而，由于师资匮乏，这些课程在乡村学校中往往得不到应有的重视和发展。例如，在一些乡村学校，音乐课和美术课经常被其他学科占用，体育课也常常因教师短缺而得不到有效的开展。

2. 乡村教师流失严重

我国城乡教育发展极其不平衡。与城市学校相比，乡村学校教学硬件偏弱，教师专业发展的机会少、平台低，不要说引进优秀教师，就是想留住新招聘的教师也很困难，很多新招聘的教师很难安心扎根农村。武汉大学对某镇乡村学校的一项调查发现：2012—2017年该乡镇共引进教师33人，离职人数为15人，流失率高达45.5%；除了2017年引进的6人全部坚守在该地，其他年份都有不同数量的教师离职，2014年引进的6人全部离职。不仅如此，现有乡村教师人才流失现象也非常严重，呈现鲜明的单向性流动特征，即教师由乡村流向城市、由经济贫困地区流向经济发达地区、由西北部流向东南部。此外，一些优秀乡村骨干教师为了谋求更好的发展，即便没有离开乡村，也通过种种方式跳槽到经济条件好、待遇更高的私立学校。乡村骨干教师的培养是一项长期复杂的工程，乡村骨干教师的数量本来就不多，随着他们的离职，乡村教育陷入了更大的困境。

3. 乡村教师专业发展受限

在教育领域，教师的专业发展是一个核心议题，尤其在农村地区，这一问题更为突出。教师专业发展的障碍可以大致分为主观和客观两类，两者相互作用，共同影响着教师的专业成长。主观因素涉及教师的个人意志、态度和行为，而客观因素则包括政策支持、资源配置和社会环境等。在这些因素的共同作用下，乡村教师的专业发展面临着独特的挑战。

在农村地区，教师专业水平的提升受限于多种因素。由于缺乏有效的激励机制和科学的引导，一些教师陷入了职业发展的瓶颈期。他们未能紧跟教育改革的步伐，没有学习新的教育理论，接受新的教育思想，更缺乏将新知识应用于实践的创新举措。这种现状不仅限制了教师个人的专业成长，也影响了整个乡村教育质量的提升。

教学改革是提升教育质量的关键，但在乡村地区，这一改革面临着巨大的挑战。乡村教师普遍缺乏对教学改革的自觉意识，传统的填鸭式教学方式仍然占据主导地位，导致素质教育难以真正落实。这种教学方式不仅抑制了学生的创造力，也阻碍了教师专业技能的提升。此外，乡村教师的专业发展平台也存在严重不足。尽管针对乡村教师的培训活动层出不穷，但高质量的专业培训却寥寥无几。这些培训活动往往质量不高，形式大于内容，难以真正解决乡村教师在专业发展和教学改革中遇到的实际问题。

（二）乡村教师队伍建设困境的成因

1. 农村经济发展相对滞后

在我国广袤的农村地区，经济发展的步伐与城市相比尤为缓慢。长期以来，我国的社会经济结构呈现出明显的二元特征，城市呈现繁荣与发展，而乡村则往往处于落后位置。这种发展模式导致乡村地区的经济基础薄弱，资源配置不均，进而严重影响了乡村教育的发展。

当前，我国大部分乡村地区的经济发展仍然滞后，尤其是在中西部的一些偏远乡村，自然环境的恶劣与社会资源的匮乏使得经济发展步履维艰。这种经济上的滞后直接制约了教师生活待遇的提升和学校教学设施的改善，使乡村教育资源的配置严重失衡。这种失衡不仅削弱了乡村教师队伍的建设，也在乡村教育的持续发展和深化改革中形成了阻碍。

在乡村封闭的环境中，年轻教师的社交圈和生活圈相对狭窄，他们的文化生活需求和专业发展需求难以得到满足。许多乡村教师认为，如果长期处于这种相对落后的环境中，他们与时代发展的步伐会越来越远。因此，他们渴望能够离开乡村，前往条件更为优越的地方工作。这种心态使得保持乡村教师队伍的稳定性变得异常困难，乡村教师队伍建设的挑战也因此愈发严峻。

面对这样的困境，我们必须认识到，乡村教育的发展不仅关系到教师个人的职业发展，更关系到整个乡村乃至国家的未来。因此，政府和社会各界应当共同努力，通过政策扶持、资源倾斜和创新机制，为乡村教师创造更好的工作和生活环境，激发他们的工作热情和创新精神，从而推动乡村教育的全面发展。只有这样，我们才能确保乡村教师队伍的稳定，促进乡村教育的持续进步。

2. 乡村教师缺乏职业成就感

乡村教师向城市及经济发达地区的单向流动现象不仅是因为乡村工资待遇低、城市生活便利，更深层次的原因在于他们在乡村教书缺乏职业成就感。职业成就感是教师职业幸福感的重要组成部分，它不仅直接关系到教师的职业满意度，还对教师的职业发展和教育质量有着深远的影响。乡村教师在职业成就感方面的缺失，主要体现在以下几个方面。

第一，乡村学校规模逐渐缩小，生源质量下滑，使乡村教师的工作难度大幅增加。随着撤点并校、村落人口外流和城镇学校"掐尖"等因素的影响，许多乡村学校的学生数量显著减少，学校规模缩小，生源质量逐年下降。这些变化对乡村教师的工作提出了更高的要求。他们不仅要应对规模缩小带来的资源匮乏问题，还要面对生源质量下降带来的教育教学挑战。在这种情况下，乡村教师常常感到力不从心，难以获得应有的职业成就感。

第二，乡村留守儿童较多，这些孩子缺乏父母的管理和教导，不容易养成独立的学习习惯和良好的行为习惯,这给家校合作带来了巨大的挑战。留守儿童问题是乡村教育中的一个突出难题。这些孩子由于长期缺乏父母的关爱和陪伴,往往在心理和行为上存在诸多问题,他们在学习上缺乏自律性,在生活上缺乏自理能力。在教育过程中,乡村教师不仅要承担正常的教学任务,还要花费大量的精力在这些孩子的管理和教育上。然而,许多乡村教师在这方面得不到家长的有效配合。部分家长认为教育孩子是学校和教师的责任,拒绝配合教师的工作,甚至对教师的管理提出各种不合理的要求。少数家庭经济条件优越的家长甚至以傲慢的态度对待乡村教师,这不仅对孩子产生负面影响,也增加了教师教育管理工作的难度。教师在这样的环境中工作,常常感到挫败和无奈,难以获得职业成就感。

第三,乡村学校在师资配备方面存在生师比高、学科结构失衡等问题,使得乡村教师的工作负担异常繁重。由于乡村学校教师数量不足,大部分教师不仅要教授语文、数学或英语等主要课程,还要承担体育、美术、音乐等课程的教学任务。这样一来,教师在完成繁重的教学工作之余,还要接受各种培训、迎接检查、填写档案,同时还要照顾家庭,承受的压力非常大。虽然有些教师尽心尽力管理班级,想方设法改进教学,但由于资源和支持的缺乏,他们的努力往往得不到应有的回报,效果不佳,日积月累中产生了严重的挫败感。

3. 乡村教师职业发展存在瓶颈

乡村教师在职业发展中面临着诸多瓶颈,缺乏职称晋升的空间和机会是其中最突出的一个问题。尽管我国近年来在逐步解决乡村教师编制的问题,但在总编制额定的情况下,每年按比例划拨的教师编制数仍无法满足乡村学校的用人需求。此外,乡村学校师资来源渠道复杂,在编不在岗的现象较为严重。在编制数量远远不能满足乡村学校需求的情况下,有些教师占用了编制却不在教学岗位上,致使学校不得不从社会上聘用代课教师,增加了师资队伍管理与培养的难度。与城区的教师相比,乡村教师职称晋升的难度更大。

(1)编制问题对职业发展的影响

①编制数量不足

乡村教师编制数量不足,严重制约了乡村教育的发展。尽管国家每年按比例划拨教师编制,但由于乡村学校需求量大,编制数量远远不能满足实际需求。例如,某些偏远地区的乡村学校教师缺编严重,许多课程无法正常开设,学生的学习质量受到影响。编制数量不足导致教师工作负担加重,影响了他们的职业发展。

②在编不在岗现象

乡村学校在编不在岗现象普遍存在,一些教师占用了编制却不在教学岗位上。这样的情况导致乡村学校实际可用的教师数量减少,学校不得不从社会上聘用代课教师,增加了师资队伍管理与培养的难度。例如,某些乡村学校由于在编教师离职或调离,导致学校不得不依靠代课教师完成教学任务,代课教师的专业水平和教学经验不如在编教师,教学质量难以保障。

③师资来源渠道复杂

乡村学校师资来源渠道复杂,影响了师资队伍的稳定性和专业性。许多乡村学校不得不依靠社会招聘、临时聘用等方式解决师资不足的问题,但这些教师往往缺乏系统的师范教育和培训,专业素质参差不齐。例如,一些乡村学校聘用的代课教师由于缺乏正式编制,工作积极性和责任心不足,影响了教学质量和学生的发展。

(2) 职称晋升的困难

①职称评审机制的局限

我国教师职称评审主要考虑教师的综合能力、学历及工作年限等因素,重点考量教师的教学业绩、管理质量、科研水平和综合奖励。受各种条件的限制,乡村教师在这些方面往往难以与城区教师竞争。例如,乡村教师由于教学资源匮乏、工作环境艰苦,难以在教学和科研方面取得突出成绩,影响了他们的职称评审结果。

②教学业绩考核的局限

由于教学条件有限,乡村教师难以在教学业绩考核中取得高分。例如,乡村学校教学设备落后、教育资源匮乏,教师难以利用现代化的教学手段提升教学效果,学生的学业成绩也受到影响。与城区教师相比,乡村教师在教学业绩考核中的得分往往较低,影响了他们的职称晋升。

③管理质量和科研水平的差距

乡村教师在学校管理和科研方面的机会有限,难以取得显著的成绩。例如,乡村学校管理水平较低,教师在管理工作中难以获得突出表现;科研环境和资源的缺乏，使得乡村教师难以开展高质量的科研工作，科研成果较少。与城区教师相比，乡村教师在管理质量和科研水平的考核中往往处于劣势。

④综合奖励的缺乏

乡村教师由于各种条件限制，缺少获得综合奖励的机会。例如，许多乡村教师由于工作环境艰苦、教育资源匮乏，难以参加各类教育评比和奖励活动，即使参加，也由于资源和条件的劣势，无法取得好成绩。综合奖励的缺乏，进一步影响了乡村教师在职称评审中的竞争力。

（3）乡村教师职业发展的困境

①职业认同感低

乡村教师由于职业发展受限，职业认同感普遍较低。例如，许多乡村教师由于缺乏晋升机会和职业发展空间，工作积极性和责任心受到影响，对自己的职业缺乏认同感和成就感。职业认同感的缺失，影响了教师的工作态度和教学质量。

②职业倦怠感强

由于工作环境艰苦、工作压力大，许多乡村教师产生了职业倦怠感。例如，一些乡村教师由于长期在艰苦环境中工作，缺乏职业发展和晋升的希望，感到身心疲惫，对教学工作失去兴趣和热情。职业倦怠感的存在，影响了教师的工作效果和学生的发展。

③生活压力大

乡村教师的生活压力较大，影响了他们的职业发展。例如，许多乡村教师由于工资水平低、福利待遇差，生活条件艰苦，难以维持家庭生活。生活压力的存在，使得乡村教师难以专心于教学工作，影响了他们的职业发展。

④专业发展机会少

乡村教师由于地理位置偏远、交通不便，专业发展机会较少。例如，许多乡村教师难以参加专业培训和继续教育，缺乏与外界的交流和学习机会，专业发展受到限制。专业发展机会的缺乏，影响了乡村教师的教学水平和职业发展。

4. 乡村教师社会地位偏低

（1）工资水平较低

①工资基数小

尽管乡村教师的工资水平在逐年提高，但由于历史遗留问题，乡村教师的工资基数较小，实际工资水平依然较低。例如，一些边远地区初级职称的乡村教师平均月工资仅两千多元，难以维持基本生活开支。这种情况下，即便工资上涨幅度较大，乡村教师的实际收入仍难以与城区教师相比。

②代课教师工资低

代课教师的工资水平更低，甚至有些地区的代课教师平均月工资仅在一千元左右。这不仅影响了代课教师的生活质量，也削弱了他们的职业认同感和工作积极性。例如，一些代课教师由于收入低，不得不兼职其他工作，以维持基本生活，影响了他们的教学质量和学生的学习效果。

③工资上涨与物价增长不匹配

尽管乡村教师的工资水平在上涨，但物价增长速度更快，实际购买力并未显著提升。例如，生活成本的增加，特别是在食品、交通和住房等方面，消耗了大部分工资上涨带来的收益，导致教师的生活压力依然很大。

（2）工资水平与社会地位的关系

①工资收入影响职业尊严

许多人习惯以工资收入和福利待遇为主要标准衡量教师的社会地位。乡村教师整体工资水平低，直接影响了他们的职业尊严。例如，在一些社会活动中，教师的低收入使他们感到自卑和尴尬，无法得到应有的尊重和认可。

②工资收入影响社会评价

工资收入也是社会评价的重要标准之一。乡村教师的低工资水平，使得他们在社会评价中处于不利地位。例如，在一些社交场合，乡村教师由于收入低，往往受到轻视甚至忽视，社会地位难以提升。

③工资水平与生活质量

工资水平直接影响教师的生活质量和家庭幸福感。例如，一些乡村教师由于收入低，难以为孩子提供良好的教育和生活条件，家庭生活质量低下。这不仅影响了教师的工作积极性，也影响了他们的心理健康和职业发展。

5. 乡村教师培训机制不健全

乡村教师培训机制的不足严重制约了乡村教育的发展。有效的教师培训是提升教师专业素质和教学能力的重要途径。然而，目前对乡村教师的培训存在诸多问题，这些问题导致培训效果不佳，难以满足乡村教师的专业发展需求。

第一，在对乡村教师进行培训之前，培训举办单位很少深入基层开展调研，也很少针对乡村教师的实际需求制订详细的培训计划。这种缺乏系统性和针对性的培训安排，极大地影响了培训的实际效果。培训单位往往从便于自身开展工作的角度出发，而不是从乡村教师专业发展的实际需求来制定培训内容。例如，某些培训单位在组织培训前，缺乏对乡村教师的教学环境、教学内容和教学方法的全面了解，导致培训内容与实际需求脱节，培训效果大打折扣。没有科学的调研和详细的计划，培训活动难以有的放矢，乡村教师在培训中无法获得实质性的帮助和提升。

第二，培训举办单位对培训内容缺乏整体规划和设计，不是从乡村教师专业发展需要出发，而是从便于自身开展工作的角度安排培训内容。这种做法导致培训内容缺乏实用性和针对性。例如，在翻转课堂这一教学模式开始盛行时，一些培训单位积极组织乡村教师开展相关培训，但培训内容大多集中在理论阐释上，缺乏具体的操作指导和实践演练。培训时，专家宣读PPT，对参训教师玩手机、打瞌睡的现象熟视无睹，培训效果可想而知。这样的培训内容不仅难以提升乡村教师的教学能力，还浪费了宝贵的培训资源。

第三，培训举办单位在培训结束后，一般不对参训教师就培训内容进行系统考核，未能及时了解培训的实际效果。没有考核和反馈机制，培训单位无法评估培训的有效性和教师的学习情况。这样的做法既不利于督促参训教师认真参与学习和研讨活动，也不利于日后优化培训活动、提高培训质量。例如，某些乡村教师在参加培训时，态度敷衍，不认真听讲和参与讨论，因为他们没有考核压力，培训结果也不会对他们的教学能力和职业发展产生直接影响。缺乏考核和反馈机制，培训活动形同虚设，难以达到预期的培训效果。

第四，参训的乡村教师缺乏自主专业发展意识。有些乡村教师只是被动地接受培训，满足于听、看、记，不善于主动与专家、名师开展交流和探讨，参训过后也很少通过自觉内化的方式将培训内容转化为自己的专业素养。乡村教师的这种被动学习态度，严重影响了培训效果和自身专业发展。例如，某些乡村教师在参加培训后，回到工作岗位上，依然沿用旧的教学方法和思维模式，培训内容没有内化为自己的教学实践和专业素养。缺乏自主专业发展意识，乡村教师难以在培训中获得真正的成长和提升。

第二节　学生背景及学校管理状况

一、学生家庭背景与学习条件

乡村学生的家庭背景和学习条件，直接影响了他们的学习效果和发展潜力。相比城市学生，乡村学生在这方面存在较大差距。

（一）家庭经济条件差

1. 经济负担重

（1）家庭收入水平低

许多乡村家庭的收入水平较低，主要依靠农业和低收入的体力劳动为生。家庭收入的有限性使得家长难以为孩子提供优质的学习资源和生活条件。例如，在一些偏远地区，家庭年收入往往不足以维持全家人的基本生活开支，更不用说为孩子购买学习用品和支付教育费用。

（2）家长外出打工

为了改善家庭经济状况，许多乡村家长选择外出打工，将孩子留在家乡由祖父母或其他亲属照料。这种家庭结构导致孩子的学习和生活无人照料，缺乏必要的情感支持和学习指导。例如，一些留守儿童在学习过程中遇到困难时，无法得到家长的及时帮助和鼓励，学习效果和心理健康受到影响。

（3）生活成本压力

尽管乡村生活成本相对城市较低，但教育成本对乡村家庭来说仍然是一个沉重的负担。特别是在支付学费、购买教材和学习用品等方面，乡村家庭的经济压力很大。例如，一些家庭由于经济压力，不得不选择让孩子辍学或放弃参加课外辅导班，影响了孩子的学习效果和发展机会。

2. 教育投入不足

（1）课外辅导班费用高昂

由于家庭经济条件有限，许多乡村学生无法获得额外的教育资源和补习机会。例如，城市学生可以参加各种课外辅导班、兴趣班和补习班，弥补课堂学习的不足，而乡村学生由于家庭经济原因，只能依靠学校的教学资源，学习效果受到影响。课外辅导班的费用对乡村家庭来说，是一笔无法负担的开支。

（2）学习资源匮乏

乡村家庭难以为孩子提供丰富的学习资源，如图书、计算机、网络等。例如，一些家庭没有条件购买课外读物和学习软件，孩子只能使用学校提供的有限资源。缺乏丰富的学习资源，限制了学生的知识获取和视野开拓，影响了他们的学习效果。

（3）教育设备落后

许多乡村家庭的教育设备落后，如没有电脑、平板等电子设备，学生无法利用现代化的学习工具进行学习。例如，一些家庭甚至没有条件购买基本的学习用具，如文具、书包等，孩子的学习条件和学习体验受到影响。教育设备的落后，使得乡村学生在现代化教育环境中处于劣势。

（二）家庭教育环境不利

1. 家长教育水平低

家长教育水平是家庭教育环境的重要组成部分。乡村学生的家长普遍教育水平较低，难以为孩子提供有效的学习指导和支持。

（1）家长文化水平有限

乡村学生的家长普遍教育水平较低，许多家长没有接受过高等教育，甚至一些家长连初中或小学都未能完成。这种情况下，家长在文化知识和学习能力上都存在较大局限，难以为孩子提供有效的学习帮助。例如，一些家长在辅导孩子作业时，常常感到力不从心，无法解答孩子的问题，也无法为孩子提供科学的学习方法和策略。

此外，文化水平有限的家长对现代教育理念和教育方法了解不多，难以适应当前教育的变化和发展。例如，许多家长对网络教育和智能学习工具不了解，无法指导孩子合理使用这些资源，错失了提升孩子学习效果的重要机会。

（2）缺乏科学的教育方法

由于教育水平有限，许多乡村家长缺乏科学的教育方法和理念，对孩子的教育方式简单粗暴。例如，一些家长认为"棍棒底下出孝子"，对孩子采取严厉的惩罚措施，而不是耐心地辅导和鼓励。这种教育方式不仅不利于孩子的学习，还可能对孩子的心理健康产生负面影响，导致孩子产生厌学情绪和逆反心理。

科学的教育方法包括尊重孩子的个性发展、关注孩子的心理健康、注重学习习惯的培养等。然而，许多乡村家长在这些方面明显存在不足。例如，一些家长只关注孩子的成绩，忽视了孩子的心理需求和情感交流，导致亲子关系紧张，孩子在学习中缺乏安全感和归属感。

（3）对教育的重视程度不够

一些乡村家长由于文化水平有限，对教育的重视程度不够，认为孩子读书不重要，只要能务农或外出打工就可以了。例如，一些家长在孩子的学习过程中，缺乏积极地参与和支持，甚至认为学习是学校和老师的事情，与自己无关。这种态度导致孩子在学习过程中缺乏家庭的支持和鼓励，学习兴趣和动力不足。

家长对教育重视程度的不足，不仅表现在经济投入上，还表现在时间和精力的投入上。例如，一些家长忙于生计，无法抽出时间陪伴和辅导孩子，导致孩子在学习过程中遇到困难时，无法得到及时的帮助和指导。在这种情况下，孩子的学习效果和心理发展都会受到严重影响。

2. 家庭教育氛围差

家庭教育氛围是家庭教育环境的另一个重要组成部分。良好的家庭教育氛围能够激发孩子的学习兴趣，培养良好的学习习惯和积极的学习态度。然而，许多乡村家庭缺乏良好的教育氛围，严重影响了孩子的学习和成长。

（1）家庭生活压力大

许多乡村家庭由于经济压力大，家长忙于生计，无暇顾及孩子的学习。例如，一些家长每天早出晚归，忙于务农或打工，回家后已经疲惫不堪，无法抽出时间辅导孩子的学习。家庭生活的压力，导致孩子在学习过程中缺乏家长的关注和支持。

经济压力大的家庭，往往也缺乏必要的学习资源和教育条件。例如，一些家庭没有条件购买书籍、计算机和其他学习用品，孩子只能依靠学校提供的有限资源，学习效果自然受到影响。此外，生活压力大的家庭，家庭成员之间的交流和互动也相对较少，孩子在情感和心理上缺乏必要的支持和鼓励。

（2）家庭学习氛围缺乏

许多乡村家庭缺乏良好的学习氛围，家长忙于生计，对孩子的学习关注不足。例如，一些家庭在日常生活中缺乏学习的氛围，孩子放学后无人督促，导致学习习惯和学习态度差。孩子在家中没有专门的学习空间和学习时间，学习效果自然受到影响。

家庭学习氛围的缺乏，还表现在家长与孩子之间的交流和互动上。例如，一些家长在孩子放学回家后，只关心孩子的生活问题，而不关心孩子的学习情况，缺乏对孩子学习的监督和指导。这种情况下，孩子在学习过程中缺乏目标和动力，学习效果难以提高。

（3）家庭文化活动少

乡村家庭由于经济条件和文化水平的限制，文化活动相对较少。例如，一些家庭没有条件购买书籍和文化用品，家长也没有时间和精力带孩子参加文化活动。缺乏丰富的文化活动，导致孩子的视野狭窄，兴趣爱好单一，综合素质难以提升。

家庭文化活动的缺乏，不仅影响了孩子的知识积累和视野开拓，还影响了孩子的心理发展和情感交流。例如，一些家庭缺乏亲子之间的文化交流和互动，孩子在情感和心理上得不到家长的理解和支持，影响了他们的学习兴趣和积极性。

二、学校管理与教学组织

（一）学校管理水平低

学校管理水平是影响教学质量的重要因素。许多乡村学校的管理体制不完善，管理人员素质较低，管理效率低下，严重制约了学校的发展和学生的成长。

1. 管理体制不完善

（1）缺乏科学的管理机制

许多乡村学校的管理体制不完善，缺乏科学的管理机制和管理方法。例如，一些学校在教学管理、教师考核和学生评价等方面缺乏系统性和规范性，管理效率低下，教学质量难以提升。管理体制的不完善，导致学校在决策、执行和监督方面存在诸多问题，难以形成良性循环。又如，一些乡村学校在教学管理上缺乏统一的标准和规范，教师的教学计划和教学活动缺乏系统的指导和监督，教学质量难以保障。在教师考核方面，许多学校没有科学的考核机制，考核标准和方法不透明，教师的工作积极性和责任感受到影响。在学生评价方面，评价体系单一，缺乏对学生全面发展的关注，评价结果难以真实地反映学生的学习效果和发展水平。

（2）管理效率低下

管理体制的不完善，导致乡村学校的管理效率低下。许多学校在管理过程中，缺乏科学的流程和方法，管理工作繁琐而低效。例如，一些学校在教学资源的分配和使用上缺乏有效的管理，教学设备和设施得不到充分利用，教学效果难以提升。此外，管理效率低下还体现在信息传递和沟通上。一些乡村学校在校内外信息传递和沟通方面存在障碍，管理人员、教师和家长之间的沟通不畅，信息交流不及时，影响了学校的管理效果和教学质量。又如，一些学校在家校沟通上缺乏有效的渠道和平台，家长无法及时了解学校的教学安排和学生的学习情况，家校合作难以开展，影响了学生的学习和发展。

2. 管理人员素质低

（1）管理人员专业水平不足

乡村学校的管理人员素质相对较低，专业水平不足。例如，一些学校的校长和教务主任在决策过程中，缺乏科学的决策方法和工具，决策过程主观随意，决策结果难以保障。在教学管理上，管理人员缺乏对教学过程和教学效果的有效监督和指导，教师的教学质量难以提升。在资源管理上，管理人员缺乏科学的资源分配和利用方法，学校的资源得不到充分利用，影响了教学效果和学生的发展。

（2）管理理念陈旧

乡村学校的管理人员在管理理念上存在明显的不足，缺乏现代教育管理的理念和方法。例如，一些管理人员在管理过程中，依然沿用传统的管理模式和方法，缺乏创新和变革的意识，管理效果难以提升。例如，一些学校在教学管理上，依然采用传统的"一刀切"管理方法，缺乏对教师个性和特长的关注，教师的工作积极性和创造力受到影响。在学生管理上，管理人员缺乏对学生个性发展的关注，管理方法单一，学生的创造力和自主性难以得到充分发挥。在学校文化建设上，管理人员缺乏系统的规划和设计，学校的文化氛围不浓厚，学生的文化素养难以提升。

（二）教学组织不合理

教学组织是影响教学质量的重要因素。许多乡村学校的教学组织不合理，课程设置不科学，教学方法单一，严重影响了学生的学习效果和综合素质的提升。

1. 课程设置不科学

（1）课程安排单一

许多乡村学校的课程设置不科学，难以满足学生全面发展的需求。例如，一些学校的课程安排单一，缺乏艺术、体育和科技等素质教育课程，学生的综合素质难以提升。课程安排的单一，导致学生的学习内容和学习体验过于单调，学习兴趣和学习效果受到影响。又如，一些乡村学校在课程设置上，主要集中在语文、数学、英语等基础学科，缺乏音乐、美术、体育、科技等素质教育课程，学生的兴趣和特长得不到充分培养。在教学内容上，课程内容过于理论化，缺乏实践和应用，学生的动手能力和实践能力难以提升。在教学方法上，课程设置缺乏创新和多样性，教学手段单一，学生的学习体验不佳。

（2）缺乏因材施教

许多乡村学校的课程设置缺乏因材施教的理念和方法，难以满足学生个性化发展的需求。例如，一些学校在课程设置上，采用统一的标准和模式，忽视了学生的个性差异和学习需求，课程内容和教学方法缺乏灵活性和多样性，学生的学习效果受到影响。又如，一些乡村学校在课程安排上，缺乏对学生兴趣和特长的关注，课程内容和教学方法过于统一和僵化，学生的个性发展受到限制。在教学过程中，教师缺乏对学生学习情况的跟踪和反馈，教学内容和教学方法难以根据学生的实际情况进行调整和改进，学生的学习效果难以保障。

2. 教学方法单一

（1）传统教学方法占主导

乡村学校的教学方法相对单一，教学手段落后。例如，一些教师依然采用传统的"填鸭式"教学法，学生被动接受知识，学习兴趣和主动性差，学习效果不佳。传统教学方法的局限性，导致学生在学习过程中，缺乏主动参与和自主学习的机会，学习效果和综合素质受到影响。又如，一些乡村教师在教学过程中，主要依靠讲授和背诵的方式进行教学，学生的学习过程单一枯燥，学习兴趣和学习效果难以提升。在课堂管理上，教师缺乏对学生个性和兴趣的关注，课堂气氛沉闷，学生的学习积极性和创造力难以发挥。在教学评估上，教师主要依靠考试成绩进行评估，学生的综合素质和能力难以得到全面的评价和发展。

（2）缺乏现代教学手段

乡村学校在教学手段上相对落后，缺乏现代教学工具的应用。例如，一些学校缺乏多媒体教室、实验室等现代化教学设施，教师难以利用现代教学手段进行教学，教学效果和学生的学习体验受到影响。又如，一些乡村学校在教学过程中，缺乏对多媒体教学、网络教学、实验教学等现代教学手段的应用，学生的学习过程和学习体验单一枯燥，学习兴趣和学习效果难以提升。在教学资源的利用上，学校缺乏对现代教学资源的有效管理和利用，教学资源得不到充分利用，教学效果难以提升。

第三节　乡村教学面临的挑战与问题

近年来，以大数据、云计算、人工智能等为代表的数字技术不断涌现，推动了生产方式和社会结构的变革。数字技术以其高通用性、高渗透性、高共享性等属性快速渗透经济社会的各个方面，有效破解了资源错配、时间错配、空间错配等问题，为城乡融合发展创造了新机遇、提供了新动能。有关资料表明，中国城乡互联网络建设蓬勃发展，城乡数字鸿沟逐渐缩小。截至2021年12月，中国城镇互联网普及率达到81.3%，农村互联网普及率达到57.6%，同比上升1.7个百分点，城乡互联网普及率差异缩小0.2个百分点。❶"十三五"期间，政府投资支持了13万个行政村光纤接入和5万个第四代的移动信息系统（4G）基站建设，全国行政村光纤接入和4G接入的比例均超过99%。❷尽管城乡互联网的普及与电商平台等数字技术的应用很大程度地激发了农村地区的经济活力，但如何运用数字技术力量弥合城乡发展鸿沟、推动新时代城乡深度融合发展仍然是中国必须面对的一个现实问题。

一、数字化技术的创新活力有待激发

（一）技术应用场景待挖掘

乡村数字化技术发展面临的一个重要问题是技术应用场景的挖掘不足。数字技术与农业农村领域的业务结合度仍需进一步拓展，具体从横向和纵向，以及市

---

❶ 杨梦洁.数字经济驱动城乡产业链深度融合的现状、机制与策略研究[J].中州学刊，2021（9）：28-34.
❷ 燕连福.新技术变革下的城乡融合发展前瞻研究[J].人民论坛·学术前沿，2021（2）：66-73.

场需求角度来看。

第一，横向来看，农业农村生产、生活、治理的诸多场景仍然有待以数字化的方式来提升效能。在农业生产方面，数字技术可以应用于精准农业、智慧灌溉、农作物生长监测等，通过传感器、大数据和人工智能技术，可以提高农业生产效率和资源利用率。然而，当前许多乡村地区的农业生产仍然依赖传统方法，数字技术的应用有限。在农村生活方面，数字技术可以提升乡村居民的生活质量，如通过智慧家居、远程医疗、在线教育等技术手段，改善乡村居民的生活条件，但这些技术在农村的普及率还很低。在农村治理方面，数字技术可以用于乡村公共服务和基层治理，如电子政务、智能交通、环境监测等，提升治理效能，但这些技术的应用也还处于初级阶段。

第二，纵向来看，目前数字技术在农业农村场景的应用以单项技术为主，技术集成应用场景较少。单项技术的应用虽然能在某些方面带来改进，但整体效益有限。要实现数字技术在农村的深度应用，需要将各类技术进行集成应用，形成系统化的解决方案。例如，在智慧农业中，需要将传感器技术、无人机技术、卫星遥感技术、大数据分析技术等有机结合，形成一套完整的智慧农业解决方案，以全面提升农业生产效率和农产品质量。然而，目前这种集成应用的场景还较为罕见，许多数字技术在应用中仍然孤立存在，未能形成合力。

第三，数字技术与市场需求脱节的问题也亟待解决。许多数字技术的研发和应用更多地基于技术本身的进步，而缺乏对农村实际需求的深入理解和把握。这导致一些技术在农村应用时效果不佳，难以满足农民和农村市场的实际需求。因此，需要进一步深化数字技术在农村场景中的应用，结合农村的实际情况和需求，设计出更具针对性和实效性的技术解决方案，提升技术应用效果。

（二）乡村数字化技术创新研发动力不足

乡村数字化技术创新研发动力不足、效能较低也是一个重大问题。虽然数字乡村建设步伐不断加快，但市场创新活力明显不足，主要表现在以下几个方面。

第一，农业农村数字化领域的不少企业适应市场变化的能力不足。数字技术的发展日新月异，市场需求也在不断变化。企业如果不能及时适应这些变化，就难以在市场竞争中立足。然而，许多涉足乡村数字化技术的企业在市场适应能力方面较为薄弱，缺乏对市场变化的敏锐洞察力和快速反应能力。这导致它们的技术和产品难以跟上市场需求的变化,失去了竞争优势。

第二,产品研发和技术创新核心力量较弱也是一个重要问题。数字化技术的发展依赖持续的技术创新和产品研发能力,但许多企业在这一方面的投入不足,研发团队和技术人才的储备不足,技术创新的核心力量较为薄弱。这导致企业的技术创新能力不足,产品的升级换代速度较慢,难以推出具有竞争力的新产品和新技术来满足市场需求。

第三,企业在技术创新过程中的精力主要集中于技术的模仿复制,忽视了应用和服务的及时升级和完善。模仿复制虽然能够在短时间内降低研发成本,迅速推出产品,但长期来看,缺乏创新的模仿复制不仅难以形成核心竞争力,还会导致产品和技术的同质化,无法满足市场的差异化需求。企业如果不能在技术创新和服务升级方面投入更多的精力和资源,就难以在激烈的市场竞争中脱颖而出。

二、教育信息化基础设施落后

为推动乡村教育数字化转型,政府部门投入了大量的资金和技术以改善乡村学校的教育信息化环境。目前,乡村学校的数字化基础条件已经有了明显改善,但仍然存在许多问题。一些学校没有条件使用互联网,硬件设施也不齐全,信息化和数字化水平较低,教育信息化基础设施落后。此外,乡村数字教育资源的建设与共享也存在供需局部错配的问题。一些乡村学校虽然已经配备了用于教学的基础设施,如计算机、宽带等,但是这些信息化设备的利用率依然很低。

(一)乡村学校无力承担设备运行与维护产生的费用

为了改善乡村信息化基础设施落后的问题,提高乡村教育信息化水平,国家投入了大量资金。然而,设备后续的运行和维护成了一个大问题,这就产生了资金供需错配的问题。尽管政府在初期为乡村学校提供了必要的硬件设备和基础设施,但这些设备的后续运行和维护需要持续的资金投入。设备一旦投入使用,日常的维护、更新和维修成本会不断增加。而许多乡村学校本身财力有限,难以负担这些额外的费用。缺乏资金支持,设备容易出现故障和老化,不能正常使用,最终导致这些设备成为摆设,难以发挥应有的作用。此外,乡村学校的管理人员和教师对设备维护的技术了解有限,往往需要依赖外部技术支持。而外部技术支持的费用高昂,也加重了乡村学校的经济负担。即使有技术支持,乡村地区的交通和通信条件也使得维护工作效率低下，影响了设备的正常使用和教学活动的顺利开展。

（二）教师数字技术运用能力不足

许多乡村教师在课堂上仍然只使用传统的教学工具和教学方式，缺乏在教学过程中应用信息技术的能力。尽管有些教师接受过数字技术培训，但由于缺乏实践机会和持续支持，难以真正掌握和应用这些技术。

乡村教师的数字技术运用能力不足，主要有以下几个原因。首先，教师的数字素养和信息技术技能培训不足。虽然有些教师接受过数字技术的培训，但这些培训往往缺乏系统性和针对性，难以满足教师在实际教学中的需求。许多培训内容过于理论化，缺乏实践操作和实际应用的指导，使得教师在课堂上难以灵活运用所学知识。其次，乡村教师缺乏应用数字技术的实践机会。在实际教学中，许多教师由于工作任务繁重，没有足够的时间和精力进行数字技术的学习和应用。同时，学校对数字技术的应用支持也有限，教师缺乏在课堂上实践和应用数字技术的机会和平台。这导致教师即使掌握了一定的数字技术知识，也难以在实际教学中有效应用。此外，乡村学校缺乏持续的技术支持和指导。教师在应用数字技术过程中，难免会遇到各种技术问题和困难。如果没有及时的技术支持和指导，教师往往会感到困惑和无助，难以坚持使用数字技术进行教学。许多乡村学校没有专职的技术人员，教师在使用数字设备和技术时缺乏帮助和支持，进一步限制了他们的数字技术应用能力。

三、师生数字技能和素养不高

（一）教师数字技能和素养的不足

目前，乡村教育在数字化转型方面仍然面临诸多挑战，其中教师的数字技能和素养不足是一个重要问题。许多乡村教师和学校领导对教育数字化转型的认识还停留在采用多媒体教学和使用校园网的初级阶段，缺乏对智慧教学、在线教学和泛在学习等信息化教学前沿理念和实践的深刻理解和实际应用经验。这主要是因为他们日常工作重点依然是维持基础教学，很少有机会接触和实践先进的数字化教学模式。

2019年以来，在线教学逐渐成为一种重要的教育手段，尤其在疫情期间，在线教学几乎成为唯一的教学方式。然而，教育的数字化转型对教师的教学水平和教学能力提出了更高的要求，需要教师具备较高的数字化能力和信息化素养。许多乡村教师却无法跟上时代的步伐，不能熟练运用各种信息技术辅助教学，仍然依赖传统的教学手段和教学方法。

具体表现之一是教师的教学课件和视频制作能力不足。制作高质量的教学课件和视频需要教师具备一定的技术能力和设计能力，但许多乡村教师这方面的能力较为欠缺。他们可能只会使用一些基本的办公软件制作简单的课件，对更高级的多媒体制作工具和技术一知半解，导致他们制作的教学资源质量不高，难以吸引学生的注意力和兴趣。此外，许多教师在课堂上无法正确使用数字化教学设施。现代化的数字教学设备如智能白板、电子书包等在一些乡村学校已经配备，但教师由于缺乏培训和实践机会，往往不知道如何有效利用这些设备进行教学。他们对设备的操作不熟练，导致课堂教学效率低下，甚至出现设备闲置或使用不当的现象。还有一些教师在数字化教学设计方面水平不高，缺乏对优质数字教学资源进行个性化应用的能力。数字化教学不仅仅是简单地将传统教学内容搬到线上，还需要教师根据学生的学习需求和特点，进行有针对性地教学设计，提供个性化的教学资源。然而，许多乡村教师在这方面缺乏经验和能力，他们的教学设计往往过于单一和机械，难以充分发挥数字化教学的优势，提升教学效果。

这些问题不仅影响了乡村教师的教学质量，也制约了乡村教育的整体发展。教师数字技能和素养的不足，使得他们在数字化转型过程中难以适应新的教学模式和技术要求，无法充分利用数字化技术提高教学效果和学生的学习体验。

（二）学生数字技能和学习能力的不足

除了教师存在数字技能和素养不高的问题，乡村学生在数字技能和学习能力方面也存在诸多不足。学生在学习过程中对新兴技术的应用具有滞后性，使用信息技术学习的主观能动性较低，自我管理能力略显不足。

1. 乡村学生在学习过程中对新兴技术的应用具有滞后性

许多乡村学生接触数字技术的机会较少，他们的家庭和学校缺乏必要的设备和资源，导致他们对新兴技术的认知和应用能力相对滞后。即使学校配备了数字化设备，学生们由于缺乏相关培训和指导，也很难熟练使用这些设备进行学习。这种技术应用滞后性，直接影响了学生对数字化教学资源的利用和学习效果。

2. 学生使用信息技术学习的主观能动性较低

数字化学习需要学生具备较高的自主学习能力和主动性，但许多乡村学生在这方面表现不足。他们习惯了传统的教学模式，缺乏自主探索和自主学习的习惯和能力。在数字化学习环境中，学生需要更多地依赖自我管理和自主学习，但许多学生在这方面的能力较为欠缺，导致他们在使用信息技术学习时效率不高，学习效果不理想。

3. 自我管理能力的不足

数字化学习环境中，学生需要自己管理学习时间、选择学习资源、规划学习进程，但许多乡村学生在这些方面存在较大困难。他们在学习过程中容易分心，缺乏有效的时间管理和自我监督，导致学习效率低下，学习效果不佳。另外，许多乡村家庭的经济水平不高，难以支撑起使用信息化设备的费用，这也是乡村学生在乡村教育数字化转型中遇到的一大问题。经济条件较差的家庭无法为孩子提供数字化学习设备和环境，孩子在家中缺乏必要的学习资源和支持，这使得他们在学校中的学习也受到影响。这种经济条件的限制，使得乡村学生在数字技能和学习能力方面与城市学生相比存在明显的差距。

这些问题表明，乡村学生的数字技能和学习能力不足，不仅影响了他们在数字化教学环境中的学习效果，也制约了乡村教育的整体发展。要解决这些问题，需要从学生的学习习惯、家庭经济条件和学校教育环境等多方面入手，提高学生的数字技能和学习能力，为他们的学习和发展提供更好的支持和保障。

四、数字化教育资源适切性欠缺

（一）数字化教育资源的适用性问题

数字化教育资源的发展在很大程度上基于城镇生活背景，这使得这些资源与城镇学生的学习能力和学习环境高度适配。然而，当这些资源被直接移植到乡村教育中时，适用性问题便凸显出来。马克思曾指出，要"把教育同物质生产结合起来"，这意味着教育资源应当结合具体的社会和经济环境。因此，乡村教育数字化发展不能简单地照搬和套用城镇的教学方式和学习方法，而应根据乡村教育教学的实际情况进行调整和改进。

乡村地区的教育环境与城镇存在显著差异，学生的学习习惯、家庭背景、文化环境等方面都有很大的不同。城镇学生通常具备较强的自主学习能力和较高的数字素养，而乡村学生在这些方面相对较弱。许多数字化教育资源在设计时忽略了这些差异，导致乡村学生在使用这些资源时遇到诸多困难。例如，某些数字化教材和教学视频采用了高难度的语言和复杂的教学设计，乡村学生由于基础知识薄弱和语言理解能力有限，难以跟上教学节奏，从而影响了学习效果。此外，乡村教师在使用数字化教育资源时，往往缺乏对这些资源进行二次整合和加工的能力和意识。这使得原本为城镇学生设计的资源在乡村教学中显得格格不入。农村小规模学校尤其明显，这些学校的教师资源和教学条件本就有限，教师在繁忙的教学任务中很少有时间和精力对数字化资源进行适应性的调整和改进。他们更多的是直接采用现成的资源，而没有根据学生的实际情况进行适配和个性化调整，导致教学效果不理想。

数字化教育资源的适用性问题不仅影响了教学效果，还对学生的学习体验和学习兴趣产生了负面影响。学生在使用这些资源时，如果无法理解或跟不上进度，容易产生挫败感，进而失去学习的兴趣和动力。这种情况长期存在，会对学生的学习习惯和学习态度产生不利影响，进一步加大城乡教育质量的差距。

（二）教育资源的重复建设问题

在农村小规模学校中，数字化教育资源主要来自两个渠道：一是从政府资源网站上获取的基础性资源，二是教师在教学平台上传的多样化、个性化的教学资源。然而，这两类资源在实际使用过程中暴露出了适当性欠缺和重复建设的问题。

第一，这些教育资源大多是以城镇学生的学习情况为背景进行制作的，农村学生很难真正理解和领会。城镇学生通常有较好的学习基础和数字化学习环境，而农村学生在这些方面相对较弱。政府资源网站提供的基础性资源，虽然内容丰富，但由于缺乏针对性，难以满足乡村学生的实际需求。这些资源往往使用较为复杂的语言和技术手段，对农村学生来说，理解起来有一定难度，进而导致学习效果不佳。

第二，教师在教学平台上传的教育资源也存在缺乏创新性和重复建设的问题。许多教师上传的资源内容大同小异，缺乏新意。这主要是因为教师在制作这些资源时，往往参考现有的资源和模板，缺乏创新和个性化的设计。这样的资源虽然数量多，但质量和效果不高，无法有效提升学生的学习效果和兴趣。

第三，重复建设的问题还体现在资源管理和应用方面。由于缺乏统一的规划和协调，许多教育资源在不同的平台和渠道中重复出现，造成了资源浪费和管理混乱。教师在选择和使用这些资源时，往往难以找到最适合的资源，增加了教学工作的复杂性和难度。此外，重复建设还导致了教育资源的利用效率低下，许多高质量的资源未能得到充分利用，而一些低质量的资源却被频繁使用，影响了教学效果和学生的学习体验。

教育资源的适切性欠缺和重复建设问题，严重制约了数字化教育在农村小规模学校的推广和应用。这不仅影响了教学效果，还对乡村教育数据的管理、生成和应用产生了不利影响。数字化教育资源的适用性和创新性问题，亟须引起教育部门和学校的重视，通过合理规划和优化管理，提升教育资源的使用效果和教学质量。

第四章 数字技术在乡村教学中的应用

第一节 远程教育与在线学习

一、远程教育

远程教育是指通过互联网或卫星等信息技术手段，将教育资源从中心城区传输到偏远地区，实现教育的跨地域共享。对乡村教育而言，远程教育是一种有效弥补教育资源短缺、提高教育质量的重要手段。

（一）远程教育的优势

1. 打破地理限制，实现教育公平

远程教育打破了地理限制，将优质教育资源输送到偏远的乡村地区，使得乡村学生也能享受到与城市学生同等的教育机会。这种跨地域的教育资源共享，有助于缩小城乡教育差距，促进教育公平。

2. 提供多样化的课程资源

通过远程教育，乡村学校可以开设更多的选修课程和兴趣班，满足不同学生的兴趣和发展需求。例如，城市学校开设的编程、机器人、外语等课程，通过远程教育可以传送到乡村学校，使得乡村学生也能接触到这些前沿知识。

3. 提高教师的专业水平

远程教育不仅有利于学生，也有助于提高乡村教师的专业水平。通过远程培训和在线研讨，乡村教师可以学习先进的教学方法和教育理念，提升自己的教学能力。此外，教师还可以通过远程教育平台，与城市教师进行互动交流，共享教学经验和资源。

（二）远程教育在乡村教育中的具体应用

1. 远程直播课堂

远程直播课堂通过互联网直播技术，将城市学校的课堂实时传输到乡村学校，使乡村学生能够同步参与到城市学校的课堂教学中。

（1）实时互动的教学模式

通过远程直播课堂，乡村学生可以同步参与城市学校的课堂教学，与城市学生一同学习和互动。这种教学模式打破了空间的限制，使乡村学生能够享受到与城市学生一样的教育资源。例如，北京的一些优质中小学通过远程直播课堂，将他们的语文、数学、英语等课程实时传输到西部贫困地区的乡村学校，使当地学生受益匪浅。

实时互动的教学模式不仅提高了乡村学生的学习积极性，也增强了他们的参与感和归属感。通过远程直播课堂，乡村学生可以与城市学生一起回答问题、参与讨论、分享学习心得，形成良好的学习氛围。这种互动式的学习方式，有助于提升学生的学习效果和综合素质。

（2）优质教育资源的共享

远程直播课堂使得优质教育资源得以在城乡之间共享，缩小了城乡教育差距。例如，许多教育资源丰富的城市学校，通过远程直播课堂，将他们的优秀教师、先进的教学理念和教学方法传播到乡村学校，提高了乡村教育的整体水平。乡村学生通过参与远程直播课堂，能够接收到高质量的教育，拓宽了他们的知识面，提升了他们的学习水平。此外，远程直播课堂还为乡村教师提供了宝贵的学习机会。乡村教师通过观摩城市教师的课堂教学，学习先进的教学方法和教学理念，提高了自身的教学能力和专业素质。这不仅有助于提升乡村学校的教学质量，也为乡村教育的可持续发展奠定了基础。

2. 录播课程和在线资源

录播课程和在线资源通过录制城市优秀教师的课堂教学视频，并上传到远程教育平台，乡村学生可以随时随地观看和学习这些课程。此外，远程教育平台还提供大量的电子教材、学习资料和在线练习，丰富了学生的学习资源。

（1）灵活自主的学习方式

录播课程为乡村学生提供了灵活自主的学习方式。学生可以根据自己的学习进度和学习需求，选择合适的时间和地点观看录播课程，进行自主学习。例如，乡村学生可以利用课余时间、周末和假期观看录播课程，复习课堂知识，预习新课程，提高学习效果。

这种灵活自主的学习方式，有助于培养学生的自我管理能力和自主学习能力。学生在自主学习过程中，可以根据自己的学习情况，制订学习计划，选择学习内容，调节学习节奏，从而提高学习效率和学习质量。

（2）丰富多样的学习资源

远程教育平台提供了丰富多样的学习资源，包括录播课程、电子教材、学习资料和在线练习。这些学习资源极大地丰富了乡村学生的学习内容，拓宽了他们的知识面。例如，乡村学生可以通过远程教育平台，学习到最新的学科知识、科学技术和文化艺术，提升他们的综合素质和创新能力。此外，远程教育平台还提供了丰富的学习辅助资源，如习题解析、知识点总结、学习指南等，帮助学生更好地理解和掌握学习内容。这些学习辅助资源，为学生提供了全面系统的学习支持，帮助他们解决学习中的疑难问题，提高学习效果。

3. 远程辅导和在线答疑

远程辅导和在线答疑是远程教育的延伸服务，通过远程辅导平台，乡村学生可以在线向城市教师提问，获得一对一的学习辅导和答疑解惑。这种互动式的远程辅导，不仅提高了学生的学习积极性，也帮助他们及时解决学习中的疑难问题。

（1）个性化的学习辅导

远程辅导为乡村学生提供了个性化的学习辅导。学生可以根据自己的学习需求，选择适合的辅导老师，进行一对一的学习辅导。例如，学生在学习过程中遇到难题，可以通过远程辅导平台，向辅导老师请教，获得详细的解答和指导。这种个性化的学习辅导，有助于提高学生的学习效果，增强他们的学习信心。

个性化的学习辅导，还可以根据学生的学习情况，制订个性化的学习计划，提供有针对性的学习资源和学习方法。例如，辅导老师可以根据学生的学习进度和学习能力，推荐适合的学习内容和学习策略，帮助学生制订合理的学习计划，提升学习效果。

（2）实时互动的在线答疑

在线答疑为学生提供了实时互动的学习支持，帮助他们及时解决学习中的疑难问题。例如，学生在学习过程中遇到不懂的问题，可以随时通过在线答疑平台，向辅导老师提问，获得及时的解答和指导。这种实时互动的在线答疑，不仅提高了学生的学习效率，也提高了他们的学习积极性和学习兴趣。

在线答疑还为学生提供了多种形式的互动支持，如文字聊天、语音通话、视频通话等，方便学生与辅导老师进行多样化的交流和互动。例如，学生可以通过文字聊天，向辅导老师请教问题；通过语音通话，进行详细的讨论和解答；通过视频通话，进行面对面的交流和指导。这种多样化的互动支持，为学生提供了全方位的学习帮助，有助于提升学生的学习效果。

二、在线学习平台在乡村教学课堂的应用

在线学习平台是数字技术在教育领域的重要应用之一，为乡村教学提供了丰富的教学资源和灵活的学习方式。在线学习平台在乡村教学课堂中的应用，极大地提升了教学质量和学习效果。

（一）在线学习平台的特点

1. 丰富的教学资源

在线学习平台汇集了大量的教学资源，包括视频课程、电子教材、在线练习、互动讨论等。这些资源覆盖了各个学科和各个年级，为教师和学生提供了丰富的选择和支持。例如，一些在线学习平台提供了名师讲座和精品课程，学生可以通过平台随时随地观看和学习，从而提高学习效果。

2. 灵活的学习方式

在线学习平台提供了灵活的学习方式，学生可以根据自己的学习进度和学习习惯，自主安排学习时间和学习内容。这种方式不仅提高了学生学习的自主性和积极性，还能够满足不同学生的个性化学习需求。例如，学生可以通过平台观看教学视频、参加在线讨论、完成在线作业，根据自己的节奏进行学习。

3. 实时的数据分析

在线学习平台具有数据分析功能，可以实时监测学生的学习情况，提供个性化的学习建议和反馈。通过分析学生的学习行为和学习成绩，平台可以帮助教师

了解学生的学习进展，及时调整教学策略，提高教学效果。例如，平台可以根据学生的学习数据，生成个性化的学习报告，帮助教师和学生发现学习中的问题和不足。

（二）在线学习平台在乡村教学课堂的具体应用

1. 在线课堂

在线课堂是在线学习平台的重要应用形式之一，通过在线课堂，教师可以进行实时的互动教学，学生可以在线参与课堂讨论和互动，提高学习效果。在线课堂的应用在乡村教学中尤为重要，因为它打破了地理位置和资源分配的限制，使优质教育资源得以共享。例如，一些在线学习平台提供了虚拟课堂功能，教师可以通过视频直播的形式进行授课，学生可以通过平台进行互动提问和讨论，增强课堂的互动性和参与感。虚拟课堂不仅支持实时视频，还可以录制课程，供学生课后复习，进一步巩固所学知识。此外，在线课堂还提供了多种辅助工具，如电子白板、屏幕共享和实时投票，使课堂教学更加生动、有趣。

在实际应用中，乡村教师可以利用在线课堂与城市优秀教师进行合作教学，共享教学经验和方法，提升自身教学水平。同时，学生可以通过在线课堂接触到更广泛的知识和视角，开阔眼界，提高学习的积极性和主动性。在线课堂的实时互动功能，还可以促进学生之间的交流与合作，培养团队合作精神和解决问题的能力。这种教学方式不仅提高了教学质量，还促进了教育公平，让乡村学生也能享受到优质的教育资源。

2. 自主学习和自我测试

在线学习平台为学生提供了丰富的自主学习资源和自我测试工具，这些工具在乡村教学中发挥了重要作用。学生可以根据自己的学习需求，选择适合自己的学习内容和学习计划，通过平台进行自主学习和自我测试。例如，学生可以通过平台观看教学视频、阅读电子教材、完成在线练习，系统地学习和巩固知识。这样，学生不仅可以在课余时间继续学习，还可以根据自己的进度调整学习计划，提高学习效率。

自我测试功能是在线学习平台的一个重要特色。学生可以通过在线测试检验自己的学习效果，及时发现和弥补知识漏洞。平台通常提供多种类型的测试题，包括选择题、填空题和简答题，帮助学生全面检测自己的学习情况。测试结果通常会即时反馈，学生可以看到自己的答题情况和详细解析，了解自己的强项和弱项，从而针对性地进行复习和巩固。此外，平台还提供了错题集功能，学生可以将错题集中起来，反复练习，直到掌握为止。

在线学习平台的自主学习和自我测试功能，不仅提高了学生的学习自主性和自我管理能力，还增强了学习的针对性和有效性。特别是在乡村教学中，这种模式为学生提供了更多的学习机会和资源，有助于弥补教学资源的不足，提升整体教学质量。

3. 教师备课和资源共享

在线学习平台为教师提供了便捷的备课工具和资源共享平台，是乡村教师提升教学质量的重要手段之一。教师可以通过平台查找和下载各类教学资源，如教学视频、课件、练习题等，丰富自己的教学内容和教学方法。例如，教师可以通过平台下载名师讲座的视频资源，结合自己的教学内容进行二次创作，提高课堂教学质量。在线学习平台的资源库通常包含各个学科、各个年级的教学资源，教师可以根据需要进行筛选和下载，极大地方便了备课过程。此外，平台还提供了资源共享功能，教师可以将自己的教学资源上传到平台，与其他教师共享，促进教学资源的交流和共享。这种资源共享机制，不仅有助于提升教师的教学水平，还促进了教师之间的合作与交流。乡村教师可以通过平台与城市教师进行互动，学习先进的教学理念和方法，提升自己的教学能力。同时，资源共享还可以节省重复备课的时间和精力，使教师有更多的时间和精力投入到教学研究和创新中去。

通过在线学习平台，教师可以更加高效地进行备课和资源共享，提升教学质量，促进教学的创新和发展。特别是在乡村教学中，这种模式为教师提供了丰富的资源和支持，有助于提升整体教学水平，实现教育公平。

三、"三个课堂"助推乡村教育振兴

（一）"三个课堂"的基本概述

"三个课堂"是我国教育部为了发展更加公平更有质量的教育，并加快教育现代化的发展步伐而提出的教育模式，倡导教师要将信息技术与自身教学实践工作深度融合，推进自身课堂教学的创新变革，构建起全新的现代化教学模式，全面转变为全新的育人方式，最终建构成"互联网＋教育"新生态。[1] 目前"三个课堂"在教育领域有了一定的应用，它主要包括三个核心课堂：一是"专递课堂"，它能够解决乡村薄弱学校或其他教学点师资匮乏、国家规定课程教学不到位等问题，让乡村学生可以在网上专门公开课中接受同步教育，保障乡村教育尽可能地紧跟城市教育的进度；二是"名师课堂"，它能够解决乡村教师的专业教学能力不强、专业发展程度低等问题，让乡村教师可以共享名师资源，实现自我专业发展，提升个人教学水平；三是"名校网络课堂"，它可支持优质学校在信息技术的支撑下建立网络学校、网络课程，让区域或全国范围内的学校都能够获得优质教育资源，满足学生的个性化发展。

（二）"三个课堂"促进乡村教育振兴的意义

城乡教育差距一直存在，而"三个课堂"的实施能够缩小这一差距，振兴乡村教育。目前，"三个课堂"与乡村教育的融合发展已成为乡村教育振兴的重要方向。在这一背景下，乡村教育工作者应深刻认识到"三个课堂"在乡村课堂改革中的重要意义。一方面，"三个课堂"的组建和实施可以缓解乡村学校优质师资短缺的问题，促使教师改变固有的传统观念，提升专业教学能力，主动推动乡村课堂改革，承担起振兴乡村教育的重任。目前，一些乡村学校的专业教师结构性短缺问题依然突出，传统教育观念对教师和家长的影响深远。乡村学校只有充分利用信息技术的优势，广泛运用"三个课堂"，才能为乡村孩子提供公平的义务教育保障。

另一方面，越来越多的乡村学校致力于加强信息化建设，改善教育信息化基础环境，并取得了显著成效。"三个课堂"的提出，契合了乡村学校的教育发展需求，加速了乡村教育信息化进程。目前，大多数乡村地区实现了网络全覆盖，光纤已经延伸至偏远教学点，建成了多媒体"班班通"教室。乡村学校可以利用现有的信息化教育环境，为"三个课堂"提供发展平台，加快实现乡村教育振兴的目标。

（三）"三个课堂"视域下乡村教育振兴的策略

1. 建构"一带多"教学模式，实现异地互动教学

当乡村学校缺乏专业教师来教授音乐、美术、体育等国家规定课程时，这些

---

[1] 罗明.教育城域网环境下"三个课堂"的实践探索——以临泽县为例[J].甘肃教育，2022（24）：59-62.

课程通常由班主任来代劳。这反映了乡村学校在国家规定课程的开设上存在问题，不利于激发乡村学生的不同天赋和满足他们的兴趣爱好。在"三个课堂"理念的指导下，乡村教师可以积极响应"专递课堂"的教学改革措施，将乡镇中心小学作为授课端，选择适当的乡村教学点作为听课端，通过"一带多"教学模式实现异地互动教学。

目前，乡村学校的信息化教育环境已经得到改善，这种异地互动的专递课堂可以成为乡村学生喜爱的网络课堂。在教学开始之前，授课端教师应与听课端教师进行沟通，共同设计本节课的教学方案，探讨如何与远端的乡村学生进行有效互动。乡镇中心学校和教学点的学生不仅可以共同上课，还可以在线上参与同屏互动游戏，使课堂内容变得丰富有趣，培养学生的学习兴趣，并确保他们获得国家规定课程的知识。

为了提高专递课堂的教学效果，授课端和听课端教师可以组成研讨小组，交流教学经验，分析如何在专递课堂平台上科学授课，以及如何利用新媒体和新技术构建丰富多彩的课堂。在课堂结束后，观摩整节课的教师、听课学生代表和主讲教师可以对这节课进行客观评价，为以后的专递课堂改革提供可靠建议，使乡村教师和学生都能够得到发展。

2. 建构网络双师课堂新模式，提高教师教学能力

乡村教育工作者应重视名师效应，积极参与到网络双师课堂的建设中，让名师为乡村教师赋能，帮助乡村教师从名师课堂中受益。教育部倡导的"三个课堂"为网络双师课堂新模式的建构与运用提供了明确的方向，即乡镇地区可以组建名师团队，通过在线教研、在线培训等方式来建构网络双师课堂，带动乡村学校的普通教师提升自己的教学水平，促进乡村教师的专业发展。在这一模式下，名师团队可与乡村普通教师组成网络研修共同体，让后者在名师名课的示范效应下自觉参与网络环境下的教研活动，自觉利用共享的名师资源展开自主研修学习。随着"三个课堂"的不断推行，网络双师课堂模式得到了完善与发展，出现了许多网络研修新方式。比如，乡村教师除了聆听名师授课讲座、参与在线研讨活动，还可参与名师课例观摩点评活动，对名师在网络课堂中授课的案例进行全程观摩，并给予客观的点评，从中获得授课方面的启发。乡村教师也可参与名师课堂的网络视频会议，共享优秀名师资源，在会议上提出乡村课堂的教学问题，从线上答疑内容中提取有用的信息，帮助自己制订个性化的乡村教学方案，同时提升自身的教学素养。目前网络名师课堂逐渐演变成网络名师工作室，为网络双师课堂模式的发展提供了很好的支持，让乡村教师学习到了许多优课微课的制作技术与优秀教学经验。网络名师工作室可以定期向乡村教师推送优质的网络课程，让他们积极开展自我研修，成长为更加优秀的乡村教师。

3. 搭建名校教学直播平台，实现乡村高质量教育

为加快缩小乡村教育与城市教育之间的差距，应将"三个课堂"中的名校网络课堂作为重要抓手，推动乡村教育的创新和变革。教育工作者应搭建名校教学直播平台，充分发挥"名校带乡村学校"的帮扶作用，提升乡村教育质量。优质学校可以通过这个直播平台，利用网络学校和网络课程等形式，带动乡村薄弱学校解决教学问题。

通过突破时空限制，优质学校与乡村薄弱学校能够进行线上和线下的协作与交流。这不仅扩大了名校优质教育资源的覆盖面，还实现了城乡优质教育资源的共享，有利于推进城乡教育的均衡发展，助力实现乡村教育振兴的发展目标。乡村教师可以在直播平台上签到打卡，参与线上调研活动，提出乡村教育中的问题，争取优质学校的支持，提升自身教学能力。

优质学校还可以通过数据统计功能量化名校网络课堂的效果，并据此调整课程规划。利用自身丰富的教学资源，优质学校可以打造精品课外系列课程，开辟自主学习通道，让乡村学生自主选择课程，支持其个性化发展，真正推动乡村教育的可持续发展。

总之，当今社会的信息技术正在迅速发展，极大地改变了我国教育的生态结构，广大乡村教育工作者可以在信息化教育环境下重塑乡村教育新形态，利用信息技术来推进乡村教育的健康发展。"三个课堂"是当前乡村教育与信息化教育有机融合的重要体现，乡村教育工作者应将"三个课堂"作为提升乡村教育质量的重要保障，聚焦乡村课程建设、师资队伍建设、名校资源共享等教育措施，致力于攻克乡村教育薄弱点，从而真正实现乡村教育的振兴。

第二节　智能教育工具与平台

一、智能教育工具在乡村教学课堂的应用

智能教育工具的引入，为乡村教学带来了新的变革和机遇。这些工具通过人工智能、大数据等先进技术，为教师和学生提供了个性化的教学支持和学习体验，极大地提升了教学质量和学习效果。智能教育工具包括智能教学系统、智能学习平台、智能评估系统等，它们在乡村教学中的应用，既提高了教学效率，又改善了教学资源的分配。

（一）智能教学系统

智能教学系统利用人工智能技术，通过对学生学习行为和成绩的分析，帮助教师制订个性化的教学计划。这种系统为教师提供了精确的教学支持，提升了教学的有效性和针对性。

1. 实时监测和分析

（1）学习进度监测

智能教学系统能够实时监测学生的学习进度，记录每个学生的学习行为和学习时间。例如，系统可以记录学生每节课的出勤情况、参与度以及学习内容的掌握程度。这些数据帮助教师了解学生的学习进度，发现哪些学生进展较慢，需要更多的关注和支持。

（2）学习状态分析

智能教学系统通过分析学生的学习数据，生成详细的学习报告，帮助教师了解每个学生的学习状态。例如，系统可以分析学生的作业完成情况、考试成绩、课堂参与度等，识别学生的学习特点和薄弱环节。教师可以根据这些分析结果，及时调整教学策略，提供个性化的辅导和支持。

2. 个性化教学计划

（1）针对性辅导

基于智能教学系统的分析，教师可以制订个性化的教学计划，根据每个学生

的学习情况，提供针对性的辅导。例如，对于学习困难的学生，教师可以安排额外的辅导时间，提供更多的学习资源和练习题，帮助他们克服学习中的困难，提高学习效果。

（2）学习策略调整

智能教学系统还可以帮助教师调整整体教学策略，优化教学流程。例如，系统可以识别哪些教学内容和教学方法效果较好，哪些需要改进，教师可以根据这些反馈，改进教学设计和课堂安排，提高教学质量和学生的学习效果。

（二）智能学习平台

智能学习平台是学生进行自主学习的重要工具。通过智能学习平台，学生可以根据自己的学习需求，选择适合自己的学习内容和学习计划。智能学习平台提供了丰富的学习资源和灵活的学习方式，特别适合乡村学生，弥补了课堂教学时间和教学资源的不足。

1. 丰富的学习资源

（1）教学视频和电子教材

智能学习平台通常提供大量的教学视频和电子教材，学生可以随时随地进行学习。例如，学生可以通过平台观看名师讲授的课程视频，学习高质量的课程内容，弥补课堂教学的不足。电子教材则为学生提供了详细的学习资料和知识点解析，方便学生进行自主学习和复习。

（2）在线练习和测试

智能学习平台还提供了丰富的在线练习和测试，帮助学生巩固知识，提高学习效果。例如，学生可以通过平台进行在线练习，完成各类练习题，及时检查和巩固所学知识。在线测试则帮助学生检验自己的学习效果，发现知识漏洞，及时进行补救。

2. 个性化的学习体验

（1）智能推荐功能

智能学习平台具备智能推荐功能，能够根据学生的学习行为和兴趣，推荐适合的学习内容。例如，平台可以根据学生的学习记录，分析学生的学习特点和兴趣点，推荐相关的学习视频、练习题和阅读材料。这种个性化的推荐机制，能够有效提高学生的学习积极性和学习效果，帮助学生实现自主学习和全面发展。

（2）在线讨论和交流

智能学习平台还提供在线讨论和交流功能，学生可以通过平台与教师和同学进行互动，分享学习经验和心得体会。这种互动和交流，不仅增强了学习的趣味性和互动性，还促进了学生之间的合作与交流，培养了学生的团队合作精神和解决问题的能力。

（三）智能评估系统

智能评估系统通过大数据和人工智能技术，对学生的学习成果进行科学、全面的评估。教师可以根据智能评估系统生成的评估报告，了解学生的学习情况，及时发现学生的知识盲点和学习困难，提供针对性的辅导和支持。

1. 科学全面的评估

（1）实时监测和评估

智能评估系统能够实时监测学生的学习进度和学习效果，生成详细的评估报告。例如，系统可以记录学生的作业完成情况、考试成绩、课堂参与度等，并对其进行综合分析，生成详细的学习评估报告。教师可以根据这些评估报告，了解学生的学习情况，及时调整教学策略，为学生提供针对性的辅导和支持。

（2）知识盲点识别

智能评估系统通过数据分析，能够识别学生的知识盲点。例如，系统可以分析学生对各个知识点的掌握情况，发现学生在哪些知识点上存在不足，教师可以针对这些知识盲点进行重点辅导和补救，从而提高学生的学习效果。

2. 自动化评估和反馈

（1）自动批改作业和考试

智能评估系统可以通过自动化评估减轻教师的工作负担，提高评估的效率和准确性。例如，系统可以自动批改学生的作业和试卷，生成详细的评估报告。教师只需查看评估报告，就能了解学生的学习情况，及时调整教学策略。

（2）数据分析和学习预测

智能评估系统还可以通过数据分析预测学生的学习趋势和发展方向，帮助教师制订长期的教学计划和发展策略。例如，系统可以分析学生的学习数据，预测学生在未来的学习中可能遇到的困难和挑战，教师可以根据这些预测结果，提前制订相应的教学计划和辅导策略，帮助学生实现全面发展和个性化成长。

二、智能教育平台在乡村教学课堂的应用

（一）教育管理平台

教育管理平台是学校进行教学管理的重要工具。通过教育管理平台，学校可以实现教学管理的数字化和智能化，提高管理效率和管理水平。教育管理平台通常包括学生管理、教师管理、课程管理、成绩管理等模块，学校可以通过平台进行全面的教学管理。

1. 学生管理

（1）学生信息数字化管理

教育管理平台能够实现学生信息的全面数字化管理，包括学生的基本信息、学籍信息、考勤信息、成绩信息等。例如，通过教育管理平台，学校可以为每个学生建立电子档案，记录他们的个人信息、家庭背景、入学时间、学籍变动情况等。这种数字化管理方式，使学校能够实时了解每个学生的情况，及时进行跟踪和管理。

（2）学习情况实时监测

通过教育管理平台，学校可以实时监测学生的学习情况和发展动态。例如，平台可以记录学生的日常考勤情况，分析学生的出勤率和出勤规律，发现异常情况及时处理。平台还可以记录学生的学习成绩和考试成绩，生成详细的学习报告，帮助教师了解学生的学习进度和学习效果，为学生提供针对性的辅导和支持。

2. 教师管理

（1）教师信息数字化管理

教育管理平台还能够实现教师信息的全面数字化管理，包括教师的基本信息、教学计划、教学进度、教学效果等。例如，学校可以通过平台记录每位教师的个人信息、教育背景、教学经历、培训记录等，建立教师电子档案。这种数字化管理方式，方便了学校对教师的管理和调度，提高了管理效率。

（2）教学活动监控与支持

通过教育管理平台，学校可以实时监控教师的教学活动，了解教学计划的执行情况和教学效果。例如，平台可以记录教师的教学计划和教学进度，分析教学活动的开展情况，发现问题及时调整。平台还可以收集学生对教师的教学反馈，评估教师的教学效果，为教师管理提供有效的支持。

3. 课程管理

（1）课程信息数字化管理

课程信息的全面数字化管理包括对课程的基本信息、教学大纲、教学计划、教学进度等方面的管理。例如，学校可以通过平台记录每门课程的课程名称、课程代码、课程简介、授课教师等，建立课程电子档案。这种数字化管理方式，使得学校能够实时了解课程的设置和运行情况，进行科学的课程管理和优化。

（2）教学进度实时跟踪

通过教育管理平台，学校可以实时跟踪课程的教学进度和教学效果。例如，平台可以记录每节课的教学内容和教学进度，分析课程的授课情况，发现问题及时调整。平台还可以收集学生对课程的反馈，评估课程的教学效果，为课程的优化和改进提供依据。

4. 成绩管理

（1）成绩信息数字化管理

教育管理平台能够实现成绩信息的全面数字化管理，包括学生的考试成绩、平时成绩、综合评价等。例如，学校可以通过平台记录每个学生的各科成绩，生成成绩报告单，建立学生的成绩档案。这种数字化管理方式，使得学校能够实时了解学生的学习效果和发展情况，为学生的成长和进步提供支持。

（2）学习效果评估与反馈

通过教育管理平台，学校可以对学生的学习效果进行科学的评估与反馈。例如，平台可以根据学生的成绩数据，分析学生的学习情况，发现学习中的问题和不足，及时进行干预和辅导。平台还可以生成学生的综合评价报告，反馈给学生和家长，帮助学生了解自己的学习情况，制订改进计划，提高学习效果。

（二）教育资源平台

教育资源平台是教师和学生获取教学资源的重要渠道。通过教育资源平台，教师和学生可以随时随地查找和下载各种教学资源，如教学视频、电子教材、课件、练习题等，丰富教学内容和教学方法，提高教学质量和学习效果。

1. 丰富的教学资源

（1）多类型教学资源

教育资源平台通常提供多种类型的教学资源，涵盖各个学科、各个年级的教学内容。例如，学生可以通过平台查找和下载电子教材和练习题，系统地学习和巩固知识。这种丰富的教学资源，为教师和学生提供了多样化的选择，满足了不同教学和学习的需求。

（2）在线资源库

教育资源平台建立了庞大的在线资源库，方便教师和学生随时查找和下载需要的资源。例如，平台可以根据学科和年级分类整理教学资源，提供方便的搜索和筛选功能，帮助用户快速找到需要的资源。这种在线资源库，为教学提供了强有力的支持，提高了教学的便利性和灵活性。

2. 资源共享与交流

（1）教学资源共享

教育资源平台还提供资源共享功能，教师和学生可以在平台上上传自己的教学资源，实现教学资源共享。例如，教师可以通过平台分享自己的教学经验和教学方法，学习其他教师的优秀经验和做法，提高自己的教学能力和水平。学生可以通过平台分享自己的学习资源，通过互相交流学习经验，提升自己的学习效率。

（2）教师间的交流与合作

教育资源平台促进了教师之间的交流与合作，形成了良好的教学合作氛围。例如，教师可以通过平台进行教学研讨，分享教学案例，交流教学心得，共同探讨教学中的问题和解决方案。这种交流与合作，有助于提升教师的教学水平和教学质量，推动教学的不断改进和创新。

3. 学生自主学习支持

（1）自主学习资源

教育资源平台为学生提供了丰富的自主学习资源，帮助学生进行自主学习。例如，学生可以通过平台观看教学视频、阅读电子教材、完成在线练习，系统地学习和巩固知识。

（2）在线学习交流

教育资源平台还提供在线学习交流功能。例如，学生可以通过平台提出问题，向教师和同学请教，获得及时的解答和指导。学生还可以通过平台参与学习讨论，分享学习心得，互相交流学习经验，提高学习效果。

三、智慧课堂助力乡村振兴的实践

（一）智慧课堂概述

智慧课堂依托大数据技术，构建云端智能学习平台，并赋予"教室"智能化特性，整合信息、资源和教育，营造全景式智慧育人环境，支持精准教学和个性化学习，注重学生整体素养的提升与全面发展，打造一种高效智能的新型教育生态系统。利用互联网信息技术和多渠道操作的移动电子设备，智慧课堂学习模式以网络信息学习资源为载体，构建了课前、课中、课后全程智慧化的教学过程。智慧课堂逐步改变了传统课堂仅关注学习内容的模式，强调以学生为中心，教师为引导，实现双向互动，随时掌握学生的学习情况，匹配合适的教育资源，并运用个性化、探究式和团队合作等新型教学方法，促进学生的全面发展。智慧课堂是现代信息技术与教育改革融合的产物，具有个性化、智能化和信息化的特点，更加关注学生的情感价值和学习过程，能够持续激发学生的学习兴趣和热情，培养其创新能力和创造精神，显著提升课堂教学的实效性、智能性和吸引力。智慧课堂助力乡村振兴，为乡村教育发展提供了强有力的支持，为国家培养具有智能创新能力的人才。

（二）智慧课堂助力乡村振兴的现实挑战

在信息化时代高新技术迅猛发展的背景下，智慧课堂在乡村教育中的应用应运而生，成为推动乡村振兴的重要实践手段。智慧课堂的引入不仅能够提高乡村教师的专业素质和教育教学质量，还强调个性化学习，促进学生的全面发展。以人工智能、大数据和5G移动网络等信息技术为基础，智慧课堂实现了教学环境的智慧化升级，能够充分整合教育资源，优化教育环境，增强学生的学习主动性，有助于构建全新的教育平台，推动乡村教育改革，从而助力乡村振兴。然而，在乡村振兴的教育实践中，仍存在一些挑战，例如，师生对智慧课堂缺乏科学认知、课程设置不完善、基础设施建设不健全以及教育信息化建设薄弱。因此，科学认识智慧课堂在助力乡村振兴中的现实挑战，搭建智慧课堂学习平台，并不断探索智慧课堂促进乡村振兴的实践路径，是当前乡村建设的迫切需求。通过这些努力，可以更好地发挥智慧课堂的作用，推动乡村教育的现代化进程，助力乡村振兴和国家发展。

1. 对智慧课堂缺乏科学认知和理解

尽管我国大部分地区的教育教学都取得了一系列成果，但很多人对智慧课堂仍然缺乏科学的认识，教育观念需要转变，教育模式有待改观。与传统的教学模式相比，智慧课堂更具信息化、数字化、智慧化的特征，学习方式多样化、多元化、集成化和泛在化。由于目前对教育助力乡村振兴的科学研究聚焦不够，服务水平有待提高，加之地域等客观条件的限制，人们的认知水平还不能充分认识并理解智慧课堂助力乡村振兴的重要价值。为此，未来乡村教育发展要突破传统教学模式的弊端，树立自主化、个性化的智慧学习理念，将信息技术与课堂教学相融合，建立智慧课堂协同育人机制，提高学生的参与度和学习热情，实现沉浸式智能化学习。科学认知智慧课堂教学模式的逻辑内涵、价值意蕴，积极改变与智慧课堂教学不相适应的传统教育观和学习观，创新乡村教育模式，推动教育方式改革，为乡村振兴赋能、增效、添彩。

2. 乡村教育课程设置不完善

乡村教育在很大程度上存在课程种类不够丰富、课程开发力度不足的问题，难以满足智慧课堂的要求。近年来，随着学习型社会进程的不断推进和农村社区教育的普及，当地社区教育部门逐渐将重点从规模扩展转向质量提升，特别是在课程建设方面进行了多项改进。然而，通过实际调查发现，尽管农村地区的思政教育课程设置逐步完善，但受到农村经济和教育水平的限制，课程发展的速度仍然无法满足居民日益增长的学习需求。乡村教育智慧课堂的建设需要满足居民多样化的学习要求，现有课程内容相对单一，课程设置未能完全适应智慧课堂的教学要求，难以在学生和党群社区建设中发挥应有的作用。

3. 学校教育基础设施建设不完备

智慧课堂教学效果与教学环境息息相关，不同的教学环境往往会产生不一样的教学效果。目前 5G 移动通信和物联网尚未在学校全面普及，数据采集和处理技术的设备不够先进，部分地区经费投入仍需优化，经费投入数额不足，智慧课堂教室设备还不齐全，智能终端和高速通信技术正逐步广泛化。信息化时代，海量数据和碎片化信息需要更高效的处理器，实现多种软硬件和智能终端的无缝衔接。构建智慧课堂教学模式，完善乡村教育基础设施，是推动乡村振兴的必然选择。在脱贫攻坚任务取得重大突破的今天，中国部分地区的乡村教育仍存在不同程度的问题，如配套设施不完善，师资队伍建设薄弱，教师数量仍需扩充，教师水平尚待提高；经费管理失衡，组织管理尚需加强，管理主体缺位，管理模式落后等。面对教育中存在的问题，乡村教育对智慧化课堂的需求越来越迫切，乡村振兴离不开教育的与时俱进。因此，为了更好地适应新时期农村发展和国家建设需要，必须加强农村教育及智慧课堂基础设施建设，教师应提高教育教学水平，增强自身素质，政府学校应加强教育经费的投入，建立智慧化教育管理机制等，不断提高智慧教育、智慧课堂服务新农村建设的能力水平。

4. 教育信息化建设相对薄弱

智慧课堂教育助力乡村振兴的关键在网络信息数据化的建设，智能化教育平台的搭建和智慧化的教育环境能够让学生充分感受到课堂的趣味性和学习的乐趣，可以有效提升学生的课程参与度、需求感，提高学生的学习兴趣和学习热情，真正发挥智慧课堂在乡村教育中的价值。尤其在智慧思政课堂教育发展过程中，必须注重对学生理想信念的培养，运用现代化信息技术，提高学习效率和乡村教育水平，加强学生对乡村振兴相关背景知识的学习，树立正确的价值观，增强责任感和使命感，更好地服务社会。面对农村地区教育信息化建设落后的现状，要高度重视并加强智慧课堂育人环境建设，对乡村振兴发展过程做出实时精准认知，提高乡村教育信息化建设水平。

（三）智慧课堂助力乡村振兴的价值逻辑

1. 优化教学资源，实现信息共享

在乡村振兴的大背景下，人工智能技术与教育教学的融合，推动了智慧教育的创新发展。智慧课堂能够有效实现教学内容的双向交流与沟通，优化和共享教学资源，实现信息互通和数据共享，从而实现教学相长和教育过程的良性循环。智慧课堂学习平台的建立是信息技术与学科教学深度融合的典范，在教学决策、反馈评价、互动交流和资源推送等方面实现了智慧化和数据化。借助大数据技术，教师和学生可以轻松获取各种动态学习资源，推动信息化智慧课堂的教学改革，增强课堂活力，实现多种教学资源的综合应用。

智慧课堂可以充分利用信息技术，优化教学资源，实现资源共享，促进信息的互通和数据的共用。这种双向交流的教学模式不仅提升了教学效果，还促进了师生之间的互动与交流，形成了良好的教学反馈机制。依托智慧课堂平台，教学决策更加科学，反馈评价更加精准，互动交流更加便捷，资源推送更加高效，从而全面实现教学过程的智慧化和数据化。利用大数据技术，教师和学生能够随时掌握各类动态学习资源，从而推动信息化教学改革，增强课堂的吸引力和活力，实现多种教学资源的有效整合和综合运用。

2. 增强学习趣味，提升教育水平

以智慧课堂为基础，结合思政教育，可以推动乡村教育的发展，使教师和学生能够更好地利用信息技术和多样化的知识，有效提升学生的学习兴趣。在教与学的过程中，智慧课堂能够激发孩子们的创新思维，促进他们的全面发展，从而为乡村建设培养更多人才。智慧课堂的构建加强了师生之间的互动和合作，鼓励了学生之间的互助学习，增加了课堂的趣味性，活跃了课堂氛围，激发了学生的内在动力，增强了团队合作意识和沟通能力，从而有效提升乡村教育的整体水平。

坚持乡村教育振兴和教育振兴乡村的双重目标，加强乡村教育的基础力量，扎根中国大地办好本土教育，为乡村振兴提供坚实的基础，为实现中国梦培养可靠的人才。通过智慧课堂，教师和学生不仅能享受到丰富的教育资源，还能够在互动中激发学习兴趣和创新能力，全面提升乡村教育质量，为乡村振兴注入新的活力。

3. 创新教育理念，促进乡村教育改革

在信息化时代，构建乡村智慧课堂模式是教育改革和乡村振兴的双重实践要求。智慧课堂是一种基于动态学习数据分析和"云、网、端"应用的新型信息化教学模式。智慧课堂的实施源于现代化教育理念对课堂教学实践的创新，强调教师的精准教学和学生的个性化学习，充分利用信息化平台，为学生提供智能化的学习环境，满足他们在不同时间和场景下的学习需求。教师可以随时进行有针对性的指导，动态监测学生的学习进度和效果，以学生为中心，增强师生互动，保证学生学习的主动性和有效性，提高教育信息化水平。

4. 助力乡村发展，培养建设型人才

智慧课堂依托高科技信息技术，精准掌握学生的动态学习需求，监测学生的学习状况，提升团队学习的服务意识，培养现代化新农村建设所需的人才，为乡村振兴的人才培养带来了新的机遇。我国许多农村地区干部的综合素质水平普遍有待提高，大数据和信息化建设能够有效分析乡村建设的人才需求，通过智慧课堂学习，不断提高其核心素养，增强竞争力，提高整体为乡村振兴服务的效能。

（四）智慧课堂助力乡村振兴的推进方略

数字智能时代，乡村振兴发展需要与时俱进，中国现代乡村教育教学更需要创新发展。我们要将乡村振兴元素有效融入乡村智慧课堂教学内容中，树立智慧课堂教学理念，建立智慧课堂学习平台，加强乡村网络信息化建设，构建智慧课堂教学体系，转变乡村教育方法，创新乡村教育发展，更好推进智慧课堂助力乡村振兴的实践运用。

1. 树立数字智慧理念，科学认识智慧课堂

现代化信息教学中，想要建立乡村智慧课堂教学模式，转变教学方法，大力开发智慧课堂教学资源，优化教育环境，就要充分认识智慧课堂，树立数字智慧理念。运用学校教育和智能信息技术普及智慧课堂教学理念，要充分激发乡村教育的办学活力，变革传统教育方法，激发学生创造力和创新精神，与时俱进，使广大村民和学生科学地认识和了解智慧课堂学习的优势，提高教育教学的实效性。智慧课堂以大数据、计算机、信息技术为支撑，以先进思想理论为指导，充分调动学生的学习积极性，创建智慧化学习环境，旨在促进学生全面自由发展，实现教育精准教学与个性化学习。科学认知智慧课堂，树立智慧教学理念，能够促进乡村教育改革转型升级，更好地服务乡村振兴。

2. 建立制度保障，加强乡村教育信息化建设

加强乡村教育信息化平台建设，可以支撑乡村智慧课堂的发展，为智慧课堂学习的数据采集、存储、传输、共享打下基础。全面建立乡村智慧课堂教育教学模式，能够提高乡村教育科技水平，深入推进乡村教育信息化模型运用，助力乡村振兴，为乡村产业兴旺、生活富裕奠定坚实的基础。国家中小学智慧教育学习平台的建设表明了国家对智慧教育发展的重视，从制度上建立健全乡村智慧教育课堂发展的政策体系，为乡村建设的有序进行提供制度保障。加大对乡村智能化学习平台的支持和投入，通过数据的生产、集成、传输、处理、分析、应用，促使学生个性化学习，发挥教师的教育引导作用。依托信息技术，提高学习资源整合效率，实现全员、全过程、全要素的综合管理信息化模型构建，提高居民的信息化素养，推进乡村教育数字化建设。以大数据、区块链、人工智能为契机，不

断通过人机协同提高乡村智慧课堂服务水平,加强信息技术培训与教育体系的广度与深度,提高信息化管理水平,信息化赋能乡村治理,全面推动乡村振兴发展。

3. 搭建融合"乡村振兴"的智慧课堂学习平台

构建智慧课堂教学体系,应结合中国乡村社会发展的实际情况,不仅要贴近生活,还要反映现代乡村社会发展的新需求,同时能够有效改善乡村教育资源不均衡和课程设置不完善的问题。应坚持理论联系实际,探索建立融合乡村振兴实践基础的智慧课堂学习平台。促使乡村建设资源与智慧课堂教学内容深度融合,带动乡村文化发展,精准认识和理解农村思想文化内涵,提升学习的深度和广度,培养服务乡村振兴的高水平建设人才,推动乡村教育改革和发展。创新推出乡村振兴文化智慧微课堂和智慧乡村教育课堂等平台,可以传递乡村文化建设的精神力量,通过多渠道运用智慧课堂学习平台,可以丰富学习资源,振兴乡村文化,发展智慧教育,培养智慧人才,为乡村振兴描绘美好蓝图。

4. 转变乡村教育方法,推动乡村振兴

为了推动乡村振兴,建立智慧课堂学习模式,探索优质高效的课堂教学方式,必须不断改进和完善智慧课堂的教育教学方法。以"红船精神"为思想指导,利用乡村的物质和非物质文化资源作为载体,开展农民初心教育,将智慧课堂融入乡村思政教育实践社团和课外活动,创新乡村教育方法。为乡村建设提供智能化的育人环境,应充分利用大数据和网络信息技术,借助云课堂、慕课、大思政课堂等新型教学方式,挖掘和运用乡村社会生活素材,丰富智慧课堂的教学资源,充分发挥智慧课堂教学的优势和价值,拓宽乡村教育的教学渠道,实现人才培养和立德树人的目标,促进教育改革和智慧育人,从而更好地助力乡村振兴,发展乡村产业,实现生态宜居、生活美好和乡村的持续、健康、有序发展。

5. 调整智慧教育改革培养方案,推动数字乡村建设

乡村教育改革从智能化向智慧化发展,需要增强课堂内容的实用性,统筹规划学科专业结构和学生规模,使智慧课堂的教学与乡村振兴产业的发展需求相适应。同时应及时调整课程设置类别,改革教育培养方案,以满足学生全面发展的基本要求。要建立一支具有较高信息化水平和思想道德素养的教师队伍,推动乡村教育改革的智慧转型升级。

结合大数据智慧课堂学习平台，明确教育改革的培养目标和乡村发展的需求，建立产学研深度融合的发展模式，科学规划专业设置，促进智慧课堂教育的改革发展，创新教育与乡村振兴协同育人的共同体。应树立智慧教育的科学理念，利用智慧课堂学习平台，调整智慧教育改革的培养方案，增强教育改革的实践应用，为乡村建设和改革提供多元支持，培养实用型建设人才，建立智慧课堂、乡村教育和乡村振兴的多方协同机制，推动数字乡村建设，进一步发展乡村教育。

第三节 虚拟现实（VR）与增强现实（AR）技术在乡村教育中的潜力

一、VR与AR技术的基本原理

（一）虚拟现实技术的原理

虚拟现实技术依靠计算机生成的三维虚拟环境，提供逼真的视觉、听觉和触觉体验。用户通过佩戴VR头盔，可以进入一个完全虚拟的世界，自由地探索和互动。虚拟现实技术的核心在于其沉浸式体验，使用户感受到与现实世界类似的存在感和互动性。

1. 三维虚拟环境

（1）计算机生成的三维环境

虚拟现实技术通过计算机生成逼真的三维环境，这些环境可以模拟现实世界中的各种场景。例如，虚拟实验室、虚拟博物馆、虚拟游乐园等。学生可以在这些虚拟环境中自由地探索，了解不同的知识内容，提升学习效果。

（2）视觉、听觉和触觉体验

VR技术不仅提供视觉上的三维环境，还结合了听觉和触觉体验，使用户能够有更加真实的体验感。例如，学生在虚拟实验室中进行化学实验时，不仅可以看到化学反应的现象，还可以听到反应过程中的声音，甚至通过触觉设备感受到反应的温度变化。这种多感官的体验，有助于学生更全面地理解和掌握学习内容。

（3）自由探索和互动

虚拟现实技术允许用户在虚拟环境中自由地探索和互动。例如，学生可以在虚拟实验室中模拟植物的生长过程，观察不同环境条件对植物生长的影响。这种自由探索和互动的学习方式，有助于提高学生的科学素养，培养学生的实践能力。

2. 沉浸式体验

（1）高度逼真的虚拟环境

虚拟现实技术营造了高度逼真的虚拟环境，使用户能够完全沉浸其中。例如，学生在虚拟博物馆中参观时，可以看到各种文物的三维模型，听到关于文物的详细讲解，甚至可以触摸和使用这些文物。在高度逼真的虚拟环境中，学生的学习兴趣和参与度能被充分激发，从而增强学习效果。

（2）存在感和互动性

虚拟现实技术通过逼真的视觉、听觉和触觉体验，使用户感受到与现实世界类似的存在感和互动性。例如，学生在虚拟教室中参加课程时，可以与虚拟教师和同学进行互动，提出问题，参与讨论，进行实验操作。这种存在感和互动性，有助于提高学生的学习积极性和主动性，促进他们的全面发展。

（二）增强现实技术的原理

增强现实技术通过在现实环境中叠加虚拟信息，使用户在真实世界中感受到虚拟元素的存在。通过虚实结合的方式，增强现实技术强调互动性和参与感，提高了教学内容的直观性和生动性。

1. 虚实结合

（1）叠加虚拟信息

在现实环境中叠加虚拟信息可以使用户在真实世界中感受到虚拟元素的存在。例如，学生在教室中使用AR眼镜，可以看到立体的地理模型，通过互动和探索，了解地理知识。这种虚实结合的方式，提高了教学内容的直观性和生动性。

（2）多感官体验

增强现实技术结合了视觉、听觉和触觉等多感官体验，使用户在真实环境中感受到更加丰富和真实的学习内容。例如，学生在AR环境中进行虚拟实验时，可以看到实验过程中的化学反应现象，听到实验过程中的声音，甚至可以通过触觉设备感受到实验的温度变化。这种多感官的体验，有助于学生更全面地理解和掌握学习内容。

（3）动态实时反馈

增强现实技术能够提供动态实时的反馈，使用户在真实环境中感受到虚拟元素的变化。例如，学生在 AR 环境中进行虚拟实验时，可以实时看到实验现象的变化，进行数据记录和分析。这种动态实时的反馈，有助于提高学生的学习积极性和主动性，促进他们的全面发展。

2. 互动性和参与感

（1）实时互动

增强现实技术强调互动性和参与感，用户可以通过移动设备或 AR 眼镜，与虚拟元素进行互动，获得实时反馈。例如，学生在 AR 环境中进行虚拟实验时，可以实时观察实验现象，进行数据记录和分析，获得实验结果。这种实时互动的学习方式，有助于提高学生的学习积极性和主动性，增强学习效果。

（2）教学内容的丰富性和生动性

增强现实技术通过虚实结合的方式，提高了教学内容的丰富性和生动性。例如，学生在 AR 环境中学习历史知识时，可以看到历史事件的虚拟再现，了解历史背景和人物。这种丰富性和生动性的教学内容，有助于提高学生的学习兴趣和参与度，增强学习效果。

（3）多样化的学习体验

增强现实技术提供了多样化的学习体验，用户可以在真实环境中感受到虚拟元素的存在，并进行互动和探索。例如，学生在 AR 环境中学习科学知识时，可以进行虚拟实验，观察实验现象，进行数据记录和分析。这种多样化的学习体验，有助于提高学生的学习兴趣和参与度，增强学习效果。

二、VR与AR技术在乡村教育中的应用场景

VR（虚拟现实）与 AR（增强现实）技术在乡村教育中有广泛的应用场景，涵盖科学教育、历史教育、地理教育等多个领域。这些技术通过提供沉浸式和互动性的学习环境，极大地提升了教学效果和学生的学习体验。本节将详细探讨

VR 与 AR 技术在科学教育、历史教育和地理教育中的具体应用。

（一）科学教育中的应用

VR 与 AR 技术在科学教育中，通过虚拟实验室和科学探究等方式，为学生提供了全新的学习体验和实践机会。

1. 虚拟实验室

（1）化学实验

通过 VR 技术，学生可以进入虚拟实验室，进行各种化学实验。例如，学生可以在虚拟环境中进行化学实验，观察不同条件下的反应现象，记录实验数据。虚拟实验室提供了逼真的实验环境和实验设备，学生可以进行多次实验，探索不同的实验条件和变量。这种虚拟化的实验环境，不仅提高了学生的实验技能和科学素养，还解决了现实中实验设备和材料不足的问题。

（2）生物实验

在生物学领域，VR 技术可以模拟复杂的生物过程和实验。例如，学生可以在虚拟实验室中进行细胞分裂实验，观察细胞分裂的不同阶段，了解细胞分裂的过程和规律。通过这种虚拟实验，学生可以深入理解生物学概念，增强学习的直观性和趣味性。

（3）物理实验

VR 技术还可以应用于物理实验教学。例如，学生可以在虚拟环境中进行自由落体实验，观察物体在不同重力条件下的运动情况，从而更好地理解牛顿运动定律。这种虚拟物理实验，不仅提供了高度精确的实验数据，还增强了实验的安全性和可重复性。

2. 科学探究

（1）虚拟天文探究

VR 技术可以用于科学探究教学，帮助学生进行科学探究和实验设计。例如，学生可以在虚拟环境中模拟天体运动，观察不同天体之间的引力作用，理解天体运动的规律。通过虚拟天文探究，学生可以深入了解宇宙空间和天体运动，培养科学思维和探究能力。

（2）虚拟生态系统

学生可以通过 VR 技术，进入虚拟生态系统，观察动植物的生长过程和生态关系。例如，学生可以在虚拟环境中观察森林生态系统，了解不同生物之间的相互作用，探讨生态平衡的原理。这种虚拟生态探究，不仅增强了学生的环境保护意识，还培养了他们的科学探究精神。

（二）历史教育中的应用

VR与AR技术在历史教育中，通过历史事件再现和历史文物展示等方式，为学生提供了生动直观的历史学习体验。

1. 历史事件再现

（1）战争场景再现

通过AR技术，学生可以在现实环境中看到历史事件和人物的虚拟再现。例如，学生可以在教室中看到古代战场的虚拟场景，了解历史事件的背景和过程。通过这种虚实结合的方式，历史教学变得更加生动和直观，提高了学生的历史知识和历史思维能力。例如，学生可以通过AR眼镜观看古代战役的虚拟重现，感受历史战场的氛围，理解历史事件的复杂性和重要性。

（2）历史人物再现

AR技术还可以用于历史人物的再现教学。例如，学生可以在教室中看到历史人物的三维虚拟形象，了解他们的生平事迹和历史贡献。这种历史人物的虚拟再现，使历史教学更加生动有趣，增强了学生的历史理解和文化认同。

2. 历史文物展示

（1）文物三维展示

AR技术可以将历史文物以三维模型的形式展示出来，学生可以通过移动设备或AR眼镜进行互动和探索。例如，学生可以在教室中看到古代文物的虚拟模型，了解文物的历史背景和文化价值。这种互动式的历史文物展示，有助于提高学生的历史兴趣和文化素养。

（2）虚拟博物馆

VR技术还可以用于创建虚拟博物馆，学生可以通过虚拟现实环境，参观不同主题的历史展览。例如，学生可以在虚拟博物馆中参观古代文明展，了解不同文明的历史和文化特点。虚拟博物馆提供了丰富的历史知识和互动体验，增强了历史教学的趣味性和教育性。

（三）在地理教育中的应用

VR 与 AR 技术在地理教育中，通过虚拟地理探险和立体地理模型等方式，为学生提供了全新的地理学习体验。

1. 虚拟地理探险

（1）虚拟地貌探险

通过 VR 技术，学生可以进行虚拟的地理探险，了解世界各地的地理风貌和人文景观。例如，学生可以通过虚拟现实环境，进行火山探险，观察火山喷发的现象，了解火山地貌的形成过程。这种虚拟地理探险，提高了地理教学的趣味性和生动性。又如，学生可以在虚拟现实中攀登珠穆朗玛峰，观察不同高度的地理特征和气候变化，增强对地理知识的理解。

（2）虚拟城市探索

VR 技术还可以用于虚拟城市探索，学生可以通过虚拟现实环境，参观不同城市的地理景观和文化景点。例如，学生可以在虚拟现实中游览巴黎，了解埃菲尔铁塔、卢浮宫等著名景点，学习城市地理和文化知识。这种虚拟城市探索，增强了地理教学的生动性和互动性。

2. 立体地理模型

（1）三维地形图

通过 AR 技术，学生可以在教室中看到立体的地理模型，进行互动和探索。例如，学生可以通过 AR 眼镜，看到三维的地形图，了解不同地形的特点和分布规律。这种立体地理模型的展示，有助于提高学生的地理知识和地理思维能力。例如，学生可以通过 AR 技术观察喜马拉雅山脉的三维模型，了解山脉的地形特征和气候变化，增强对地理知识的直观理解。

（2）互动地理实验

AR 技术还可以用于互动地理实验，学生可以在现实环境中进行地理实验和探索。例如，学生可以通过 AR 眼镜，进行河流侵蚀实验，观察河流侵蚀的过程和影响，理解地理现象和地质过程。通过这种互动地理实验，学生可以深入理解地理知识，培养科学探究精神。

三、VR与AR技术的教育价值

（一）提升教学效果

VR与AR技术通过生动直观的教学内容和个性化的学习体验，有效提升了教学效果。

1. 生动直观的教学内容

VR与AR技术通过三维虚拟环境和增强现实技术，使复杂的科学现象变得生动直观。例如，虚拟实验室可以模拟化学反应、生物过程和物理现象，学生可以在虚拟环境中观察和操作这些实验，直观地理解科学原理和实验过程。这样的生动直观教学内容，有助于提高学生的理解力和记忆力，增强学习效果。

2. 个性化的学习体验

（1）按需定制的学习内容

VR与AR技术提供了个性化的学习体验，学生可以根据自己的兴趣和学习需求，选择适合自己的学习内容和学习方式。例如，学生可以通过虚拟现实环境，进行个性化的科学探究，了解自己感兴趣的科学现象和问题。这样的个性化学习体验，有助于提高学生的学习积极性和主动性。

（2）灵活自主的学习安排

通过VR与AR技术，学生可以灵活安排自己的学习时间和学习内容。例如，学生可以在课后通过虚拟实验室进行实验操作，巩固课堂上学到的知识。这种灵活自主的学习安排，满足了学生的个性化学习需求，提高了学习效率和效果。

（二）激发学习兴趣和探索精神

VR与AR技术通过沉浸式学习体验和互动性学习环境，激发了学生的学习兴趣和探索精神。

1. 沉浸式学习体验

（1）身临其境的学习环境

VR技术通过沉浸式学习体验，激发了学生的学习兴趣和探索精神。例如，学生可以通过虚拟现实环境，进行科学实验和地理探险，感受到身临其境的学习体验。这种沉浸式的学习环境，使学生仿佛置身于真实的实验室或自然环境中，增强了学习的趣味性和吸引力。

（2）动态互动的学习过程

沉浸式学习体验不仅提供了逼真的环境，还通过动态互动的学习过程，增强了学生的参与感。例如，学生在虚拟实验室中进行实验操作，可以实时观察实验现象，记录数据，进行分析和讨论。这样的互动学习过程，使学生更主动地参与到学习中，提高了学习效果。

2. 互动性学习环境

（1）实时学习反馈

AR 技术提供了互动性学习环境，学生可以通过与虚拟元素的互动，获得实时的学习反馈。例如，学生在使用 AR 眼镜进行学习时，可以通过触摸、语音等方式与虚拟元素互动，系统会根据学生的操作，提供即时的反馈和指导。这种互动性学习环境，有助于学生及时发现和纠正错误，提升学习效果。

（2）互动式学习活动

通过 VR 与 AR 技术可以设计各种互动式学习活动，增强学生的学习体验和参与感。例如，学生可以通过 AR 眼镜参加虚拟考古活动，挖掘和分析虚拟文物，了解历史知识。通过这种互动式学习活动，学生可以在实践中学习，提高学习兴趣和动手能力。

第五章　数字化课程设计与教学资源建设

第一节　数字化课程设计原则

一、以学生为中心

（一）关注学生需求

数字化课程设计应充分考虑乡村学生的学习特点和需求，提供个性化学习，激发学习兴趣，增强学习的积极性和主动性。

1. 个性化学习

（1）学习特点和需求

乡村学生的学习特点和需求各不相同，因此，数字化课程设计应注重个性化学习。针对不同学习水平的学生，设计不同难度的课程内容，提供个性化的学习资源和学习路径。例如，学习成绩优秀的学生可以选择更具挑战性的课程内容，而学习基础较弱的学生可以选择基础性课程，逐步提高学习水平。这种个性化学习方式，不仅能满足学生的不同学习需求，还能帮助他们在各自的学习路径上取得进步。

（2）个性化学习资源

为了满足学生的个性化学习需求，数字化课程应提供多样化的学习资源。例如，提供适合不同学习风格和兴趣的学习材料，如视频、音频、动画、互动练习等。通过这些个性化学习资源，学生可以根据自己的学习节奏和方式，自主选择和调整学习内容，提高学习效果。

（3）个性化学习路径

数字化课程应注重个性化学习路径的设计，为学生提供个性化的学习指导和支持。例如，利用智能教学系统，根据学生的学习数据和表现，自动生成个性化的学习路径和学习计划。学生可以根据学习计划，有序进行学习，逐步提高学习水平和能力。这种个性化学习路径，有助于学生更好地掌握知识，增强学习的自主性和主动性。

2. 激发学习兴趣

（1）生动有趣的教学内容

数字化课程应注重激发学生的学习兴趣，通过生动、有趣的教学内容，增强学生的学习积极性。例如，在课程设计中融入游戏元素，如学习任务、奖励机制、竞争排名等，使学习过程变得有趣，激发学生的学习热情。通过这种方式，学生不仅可以在游戏中学到知识，还能享受学习的乐趣，增强学习的动力和自信心。

（2）互动性学习活动

为了激发学生的学习兴趣，数字化课程应提供丰富的互动性学习活动。例如，通过互动实验、虚拟实验室、模拟游戏等，让学生在互动中学习知识，增强学习的体验和效果。例如，在科学课程中，设计虚拟实验，让学生亲自动手操作，观察实验现象，记录实验数据，分析实验结果。这种互动性学习活动，不仅能激发学生的学习兴趣，还能培养他们的动手能力和科学探究精神。

（3）学习兴趣的长期维持

为了长期维持学生的学习兴趣，数字化课程应注重持续更新和改进教学内容和方式。例如，根据学生的反馈和教学效果，不断优化课程内容，加入新的教学元素和学习活动，保持课程的吸引力和新鲜感。同时，注重培养学生的学习兴趣和自主学习能力，帮助他们在学习中找到乐趣，树立正确的学习态度和价值观。

（二）提供多样化的学习资源

数字化课程设计应利用多媒体技术和在线互动资源，提供丰富多样的学习资源，满足学生的多样化学习需求，提高教学效果。

1. 多媒体技术

（1）教学视频

教学视频是数字化课程的重要组成部分，能够直观生动地展示教学内容。例如，通过名师讲解视频，学生可以观看专家的讲解和演示，深入理解课程内容。这种形式的教学视频，不仅能提高学生的学习效果，还能弥补乡村学校师资不足的问题，为学生提供高质量的教学资源。

（2）电子教材

电子教材是数字化课程的重要资源，能够提供丰富的学习材料和学习支持。例如，通过电子教材，学生可以随时随地阅读学习内容，进行自主学习和复习。电子教材还可以结合多媒体元素，如图片、动画、音频等，增强教材的生动性和直观性，帮助学生更好地理解和掌握知识。

（3）演示动画

演示动画是数字化课程中的重要资源，能够直观形象地展示抽象的科学概念和复杂的实验过程。例如，在物理课程中，通过动画演示力学原理和电路结构，帮助学生直观理解和掌握知识。这种形式的动画演示，不仅能提高教学效果，还能激发学生的学习兴趣和探索欲望。

2. 在线互动资源

（1）在线讨论

在线讨论是数字化课程中的重要互动资源，能够增强师生之间、生生之间的互动交流。例如，通过在线讨论平台，学生可以与教师和同学进行交流，分享学习经验和学习心得，解决学习中的疑难问题。这种形式的在线讨论，不仅能提高学生的学习效果，还能培养学生的合作精神和沟通能力。

（2）互动测评

互动测评是数字化课程中的重要评估工具，能够实时监测学生的学习情况，提供个性化的学习评估和反馈。例如，通过在线测评系统，学生可以随时进行自我测试，了解自己的学习效果和不足之处，及时调整学习策略。教师也可以通过测评数据，了解学生的学习进度和表现，提供针对性的学习指导和支持。这种形式的互动测评，不仅能提高学生的学习效果，还能促进教学的个性化和科学化。

（3）在线辅导

在线辅导是数字化课程中的重要支持服务，能够为学生答疑解惑，并提供个性化的学习指导。例如，通过在线辅导平台，学生可以随时向教师提问，获得及时的解答和指导。这种形式的在线辅导，不仅能提高学生的学习效果，还能增强学生的学习信心和自主学习能力。

二、注重乡村特色

（一）融入乡村文化

数字化课程应融入乡村文化内容，增强课程的地域特色和文化内涵，通过乡土文化和乡村生活实践，让学生在学习中感受到乡村的独特魅力和文化底蕴。

1. 乡土文化内容

（1）语文课程中的乡土文化

在语文课程中，数字化课程应融入乡村作家的作品和乡土文化的介绍。例如，可以选择如沈从文、贾平凹等乡土文学作家的作品，通过数字化手段展示作品中的乡村生活和乡土风情。通过视频、音频、动画等多媒体形式，生动展示乡村文化的丰富内涵和独特魅力，激发学生对乡土文化的兴趣和热爱。

（2）美术课程中的民间艺术

在美术课程中，数字化课程应加入乡村民间艺术的学习和展示。例如，可以通过数字化平台展示剪纸、泥塑、刺绣等乡村民间艺术，让学生了解这些艺术的历史背景、制作技艺和文化价值。通过虚拟工作坊和互动教程，学生可以亲自动手制作民间艺术作品，体验乡村艺术的魅力，增强对乡村文化的认同感和自豪感。

2. 乡村生活实践

（1）农作物种植实验

在科学课程中，数字化课程应结合乡村生活实际，设计与农作物种植相关的实验和探究活动。例如，可以通过虚拟实验室模拟不同作物的种植过程，学生可以观察种子的发芽、生长、开花结果等过程，记录数据，分析影响作物生长的因素。这种实践活动不仅帮助学生理解植物生长的原理，还增强了学习的趣味性和实用性。

（2）养殖业探究

数字化课程还可以结合乡村的养殖业，设计相关的探究活动。例如，可以设计虚拟养殖场，让学生学习和了解不同动物的饲养方法、生活习性和生长周期。通过虚拟现实技术，学生可以模拟参与动物的饲养和管理，进行数据记录和分析，培养他们的科学探究精神和实践能力。

（二）符合乡村发展需求

数字化课程设计应符合乡村发展需求，通过农业科技教育和环境保护教育，培养学生的科技素养和环境意识，促进乡村经济可持续发展。

1. 农业科技教育

（1）现代农业技术课程

在课程设计中，应注重现代农业技术的教育，培养学生的农业科技素养。例如，可以开设与现代农业技术相关的课程，如农业机械使用、绿色农业技术、精准农业等。通过数字化平台展示现代农业技术的应用场景和操作方法，让学生了解和掌握先进的农业技术，提高农业生产效率和质量。

（2）农业科技实验

数字化课程还可以通过虚拟实验室进行农业科技实验。例如，学生可以在虚拟环境中操作农业机械，学习其工作原理和操作技巧；通过模拟实验，了解不同肥料和农药的使用效果，探索绿色农业技术的应用。这种农业科技实验，不仅提高了学生的农业科技知识和技能，还促进了他们对现代农业的兴趣和认识。

2. 环境保护教育

（1）生态环境保护内容

在科学和社会课程中，数字化课程应加入生态环境保护的内容，增强学生的环境保护意识。例如，可以通过数字化平台展示水土保持、森林保护等内容，让学生了解环境保护的重要性和相关知识。通过虚拟现实技术，学生可以模拟参与环境保护活动，如植树造林、水土保持等，增强他们的环境保护意识和实践能力。

（2）环境保护实践

数字化课程还可以结合乡村的实际环境，设计环境保护的实践活动。例如，可以通过虚拟实验室，模拟不同地区的环境保护措施和效果，学生可以进行数据分析和比较，提出改进建议和方案。通过这种实践活动，学生不仅掌握了环境保护的知识，还培养了他们的环境保护意识和责任感，为乡村的可持续发展作出贡献。

第二节　开发适应乡村特色的数字化教学资源

一、结合乡村实际

（一）乡村自然资源

数字化教学资源的开发应充分利用乡村丰富的自然资源，通过现代技术手段，使学生在虚拟环境中进行自然观察和科学探究，提升学习的直观性和趣味性。

1. 自然环境

（1）自然景观的虚拟现实

乡村地区拥有丰富的自然景观，如山川、河流、森林、草原等，这些都是宝贵的教学资源。在科学课程中，可以利用虚拟现实（VR）技术，将乡村的自然景观虚拟化，创建虚拟的自然观察环境。又如，学生可以通过VR设备，进入一个虚拟的森林，观察树木、植物、动物的生活习性和生态系统的运行。通过这种沉浸式的学习体验，学生可以身临其境般地感受大自然的美妙和神奇，增强对自然环境的理解和保护意识。

（2）增强现实的科学探究

增强现实（AR）技术可以将虚拟信息叠加在现实环境中，为学生提供更加直观的学习体验。例如，在科学课程中，可以利用AR技术，开发基于乡村自然景观的科学探究资源。学生可以通过移动设备扫描自然环境，看到虚拟的动植物信息，进行互动式的科学探究活动。又如，学生可以在AR环境中观察鸟类的飞行、鱼类的游动，了解其生活习性和生态特征。这种直观的学习方式，不仅提高了学习的趣味性，还增强了学生的观察力和科学探究能力。

2. 农业资源

（1）农作物种植的虚拟实验

乡村的农业资源丰富，农作物种植是重要的教学内容。在生物课程中，可以利用虚拟现实技术，开发与农作物种植相关的教学资源。通过虚拟实验室，学生可以模拟农作物的种植过程，观察种子的发芽、生长、开花、结果等全过程。例如，学生可以选择不同的农作物，如水稻、小麦、玉米等，进行虚拟种植实验，记录其各个生长阶段的变化，分析影响作物生长的环境因素。这种虚拟实验不仅使学习内容更加生动直观，还提高了学生的动手能力和科学素养。

（2）养殖业的虚拟探究

数字化教学资源还应结合乡村的养殖业，开发相关的虚拟探究资源。在生物科学课程中，可以利用虚拟现实技术，创建虚拟的养殖场环境，让学生了解不同动物的饲养方法和生长周期。例如，学生可以通过 VR 设备，进入一个虚拟的养殖场，观察牛、羊、猪、鸡等动物的生活习性和饲养管理过程。学生可以模拟饲养动物，记录其生长数据，分析饲养管理对动物健康和生长的影响。这种虚拟探究活动，不仅增强了学习的趣味性和实用性，还培养了学生的科学探究精神和实践能力。

（二）农业资源

农业资源是乡村教育的重要组成部分，通过科学合理的数字化资源开发，使学生深入了解农业生产的过程和原理，增强学习的实用性和趣味性。

1. 农业生产过程

（1）农业机械的虚拟操作

现代农业生产离不开农业机械的应用。在科学和技术课程中，可以利用虚拟现实技术，开发农业机械操作的教学资源。例如，学生可以在虚拟环境中操作拖拉机、联合收割机、播种机等农业机械，了解其工作原理和操作技巧。通过虚拟操作，学生可以模拟实际的农业生产过程，掌握农业机械的使用方法，提高动手能力和实际操作技能。这种虚拟操作不仅提高了教学效果，还增强了学生对农业技术的兴趣和认知。

（2）绿色农业技术的虚拟实验

数字化教学资源还应注重绿色农业技术的教育。例如，在科学课程中，可以开发与绿色农业技术相关的虚拟实验资源。学生可以在虚拟实验室中，模拟使用有机肥料、生物农药、节水灌溉等绿色农业技术，观察其对农作物生长和环境保护的影响。通过虚拟实验，学生可以了解绿色农业技术的原理和应用，掌握绿色农业生产的方法和技巧。这种虚拟实验不仅提高了教学的实用性，还培养了学生的环保意识和可持续发展理念。

2.农业资源的教学应用

（1）农作物种植的实践应用

结合乡村的农业资源，在生物科学课程中，可以开发农作物种植的实践教学课程。例如，设计农作物种植的教学模块，让学生进行种植实验，观察和记录作物的生长过程。通过这种实践应用，学生可以将课堂上学到的知识应用到实际生产中，增强学习的实用性和趣味性，培养学生的动手能力和科学素养。

（2）养殖业的实践探究

在生物和科学课程中，还可以结合乡村的养殖资源，开发养殖业的实践探究教学课程。例如，设计养殖业的教学模块，让学生在实际中进行养殖实验，观察和记录动物的生长过程。通过这种实践探究，学生可以了解不同动物的饲养方法和管理技巧，增强学习的实用性和趣味性，培养学生的科学探究精神和实践能力。

（三）乡村文化资源

1.文化遗产

开发数字化教学资源时，应结合乡村的文化遗产，在历史和社会课程中，利用虚拟博物馆和文化遗址的数字化资源，让学生了解乡村的历史文化和传统习俗，增强学生的文化认同感和自豪感。

（1）虚拟博物馆

①文化遗产的数字化展示

通过虚拟博物馆技术，将乡村的文化遗产进行数字化展示，让学生通过数字化平台了解乡村的历史文化。例如，可以将乡村的古建筑、传统村落、历史遗迹等进行三维建模和虚拟重建，通过虚拟博物馆展示这些文化遗产的历史背景、建筑风格和文化价值。学生可以通过虚拟博物馆的沉浸式体验，深入了解乡村文化遗产的内涵和意义，增强对乡村历史文化的认同感和自豪感。

②虚拟导览与互动体验

在虚拟博物馆中，可以设计虚拟导览和互动体验环节。例如，通过虚拟导览，学生可以在虚拟环境中自由漫游，了解文化遗产的不同部分和细节；通过互动体验，学生可以参与虚拟重建、文物修复、历史事件再现等互动活动，增强学习的趣味性和参与感。这种虚拟导览与互动体验，不仅使学习过程更加生动有趣，还能提高学生的文化素养和历史知识。

（2）文化遗址的数字化资源

①历史遗址的虚拟重建

开发乡村的历史遗址数字化资源，将历史遗址进行虚拟重建，让学生在虚拟环境中了解和探索。例如，可以通过虚拟现实技术，将古代遗址、历史建筑等进行三维重建，学生可以在虚拟环境中参观这些历史遗址，了解其历史背景、建筑结构和文化内涵。通过这种虚拟重建，学生可以直观地感受到历史的厚重和文化的魅力，增强对乡村历史文化的认识和理解。

②文化教育与体验

在虚拟文化遗址中，可以设计文化教育和体验活动。例如，通过虚拟考古，让学生了解考古发掘的过程和方法；通过历史事件再现，让学生亲身体验历史事件的发生和发展。这种文化教育与体验活动，不仅能提高学生的历史知识和文化素养，还能培养他们的探究精神和实践能力，增强对乡村文化遗产的保护意识。

2. 民间艺术

开发数字化教学资源，还应结合乡村的民间艺术。在美术和音乐课程中，利用乡村的民间艺术，开发相关的教学资源，如民间工艺、传统乐器等，增强课程的趣味性和艺术性。

（1）民间工艺的数字化资源

①民间工艺的数字化展示

通过数字化技术，对乡村的民间工艺进行展示，让学生了解和学习。例如，可以将剪纸、刺绣、陶艺、木雕等民间工艺进行数字化展示，通过视频、图片、三维模型等形式，展示工艺品的制作过程和艺术特点。学生可以通过数字化平台，观看工艺品的制作视频，了解每个步骤的操作方法和技巧，增强对民间工艺的认知和兴趣。

②互动式工艺学习

在数字化展示的基础上，可以设计互动式的工艺学习模块。例如，通过虚拟工作坊，让学生在虚拟环境中亲自动手制作工艺品，体验民间工艺的制作过程。学生可以选择不同的工艺品，通过虚拟工具进行操作，模拟实际的制作过程，记录自己的创作成果。这种互动式工艺学习，不仅提高了学习的趣味性和参与感，还能培养学生的动手能力和艺术创造力。

（2）传统乐器的数字化资源

①传统乐器的数字化展示

在音乐课程中，可以对乡村的传统乐器进行数字化展示，让学生了解和学习。例如，可以通过数字化平台，展示二胡、笛子、唢呐等传统乐器的历史、结构和演奏方法。学生可以通过视频、音频、三维模型等形式，观看和聆听传统乐器的演奏，了解其独特的音色和演奏技巧。

②虚拟乐器演奏

在数字化展示的基础上，可以设计虚拟乐器演奏模块。例如，通过虚拟现实技术，让学生在虚拟环境中学习和演奏传统乐器。学生可以选择不同的乐器，通过虚拟演奏界面进行操作，模拟实际的演奏过程，录制和回放自己的演奏作品。这种虚拟乐器演奏，不仅提高了学习的趣味性和艺术性，还能培养学生的音乐素养和艺术表现力。

二、满足学习需求

（一）视频资源

视频资源是数字化教学的重要组成部分，通过生动的影像和声音，为学生提供直观、易理解的学习内容。视频资源可以涵盖各个学科和年级，满足不同学习水平和兴趣的学生的需求。

1. 教学视频

（1）名师讲解视频

开发数字化教学资源时，应提供丰富的教学视频，包括名师讲解视频。这些视频可以由教育专家和优秀教师录制，详细讲解各学科的核心知识点和难点。例如，在数学课程中，名师可以通过视频讲解复杂的数学公式和解题技巧；在语文课程中，名师可以分析经典文学作品，讲解写作技巧和阅读方法。学生可以随时随地观看名师讲解视频，反复学习，深入理解和掌握知识。

（2）实验演示视频

在科学课程中，实验演示视频是重要的教学资源。通过实验演示视频，学生可以直观地观察科学实验的过程和结果，了解实验原理和操作方法。如物理课程中的力学实验、化学课程中的化学反应实验、生物课程中的显微观察实验等，都可以通过视频形式展示，帮助学生理解和掌握科学知识。实验演示视频不仅提高了学习的直观性和趣味性，还增强了学生的科学素养和实验能力。

2. 纪录片

（1）科学纪录片

科学纪录片是极具教育价值的视频资源，通过生动的影像和详细的讲解，向学生展示科学的奇妙世界。例如，《行星地球》《宇宙奥秘》《人体探秘》等科学纪录片，向学生展示了自然界的奇观、宇宙的奥秘和人体的复杂构造。这些纪录片不仅丰富了科学课程的教学内容，还激发了学生的好奇心和探索欲望，增强了他们对科学的兴趣和热爱。

（2）历史纪录片

在历史课程中，历史纪录片是重要的教学资源。通过历史纪录片，学生可以直观地了解历史事件和历史人物，增强对历史知识的理解和记忆。例如，《二战全史》《中华文明》《埃及古文明》等历史纪录片，可以向学生展示不同历史时期的重大事件和历史背景，帮助他们建立全面的历史观和历史知识体系。历史纪录片不仅提高了历史教学的直观性和趣味性，还增强了学生的历史素养和文化认同感。

（二）互动资源

互动资源是数字化教学的重要组成部分，互动实验和模拟游戏为学生提供了丰富的学习体验，增强学习的趣味性和效果。互动资源可以由在线教育平台提供，方便学生随时随地进行学习。

1. 互动实验

（1）虚拟实验室

开发数字化教学资源时，应提供丰富的互动实验资源，包括虚拟实验室。在虚拟实验室中，学生可以进行各种科学实验，观察实验现象，记录实验数据，分析实验结果。例如，在化学课程中，学生可以在虚拟实验室中进行化学反应实验，观察不同条件下的反应现象；在物理课程中，学生可以进行力学实验，测量力的大小和方向。通过虚拟实验室，学生可以亲自动手操作，培养实验能力和科学探究精神。

（2）模拟科学探究

互动实验还可以通过模拟科学探究的形式进行。例如，通过虚拟现实技术，学生可以模拟进行天文学观测、地质勘探、生物调查等科学探究活动。学生可以在虚拟环境中观察天体运动，分析地质构造，记录生物分布情况，进行数据分析和科学推理。模拟科学探究不仅提高了学习的趣味性和参与感，还培养了学生的科学思维和探究能力。

2. 模拟游戏

（1）教育游戏

教育游戏是互动资源的重要形式，通过游戏化的学习方式，可以提高学生的学习兴趣和积极性。例如，在数学课程中，可以开发数学解谜游戏，学生通过解答数学问题，完成游戏任务，获得游戏奖励；在历史课程中，可以开发历史探险游戏，学生通过探索历史场景，解锁历史事件，了解历史知识。教育游戏通过游戏化的学习方式，激发了学生的学习热情，提高了学习效果。

（2）角色扮演

角色扮演是互动资源的重要形式，通过角色扮演的方式，增强学生的学习体验和感受。例如，在社会课程中，可以开发角色扮演游戏，学生扮演不同的社会角色，模拟社会活动和事件，体验不同角色的职责和任务；在科学课程中，可以开发科学家角色扮演游戏，学生扮演不同领域的科学家，进行科学研究和实验，体验科学家的工作和生活。角色扮演不仅增强了学习的趣味性和参与感，还提高了学生的社会认知和科学素养。

第三节　乡村教育数字化教材的创新与实践

一、数字化教材的创新

（一）教学视频

数字化教材应结合教学视频，提供生动直观的教学内容。教学视频能够以视觉和听觉相结合的方式，将抽象的知识具体化、形象化。这种多感官的教学手段不仅增加了学习的趣味性，还能有效地提高学生的理解力和记忆力。

1. 科学课程中的教学视频

在科学课程中，教学视频可以展示复杂的实验过程和科学现象。例如，化学反应的视频可以详细展示试剂的混合过程、反应过程中的颜色变化以及最终产物的形成。通过这种直观的展示，学生不仅能更好地理解抽象的化学概念，还能对实际操作产生更深的印象。

（1）化学实验视频

化学实验视频是科学课程中的重要资源之一。这些视频可以通过逐步展示化学反应过程，让学生观察到反应物混合时的物理和化学变化。例如，在展示酸碱中和反应时，视频可以详细地展示酸和碱溶液混合后的颜色变化、气体产生和温度变化过程。通过这样的展示，学生不仅能够理解化学反应的基本原理，还能掌握实验操作的具体步骤和注意事项。视频还可以通过慢动作回放和分步骤讲解，帮助学生深入理解复杂反应的每个细节。

（2）物理实验视频

物理实验视频在物理课程中同样具有重要地位。通过视频展示自由落体实验，可以清晰地看到物体下落的轨迹和加速度的变化，使学生能够直观地理解重力加速度的概念。除此之外，视频还可以展示其他物理现象和实验，如光的折射和反射、磁场的分布和电流的产生等。通过视频展示，学生可以观察到实验中难以直接看到的细节，例如，电流通过导线时的电子运动，光线在不同介质中的折射路径。这些视频不仅增强了学生的视觉体验，还提高了学生对物理原理的理解和记忆。

（3）地理现象视频

地理课程中的教学视频可以让学生身临其境般地感受自然现象。例如，火山爆发的视频可以展示火山喷发的全过程，包括岩浆上升、喷发口的形成、火山灰和岩石喷出等。地震模拟视频可以展示地震波的传播、地壳的运动以及地震对建筑物和自然环境的影响。通过这些视频，学生不仅可以直观地感受到自然的壮观和力量，还可以理解地理现象背后的科学原理和规律。此外，视频还可以展示气候变化、河流演化和植被变化等地理过程，增强学生的真实感和参与感。

2. 生物课程中的教学视频

（1）细胞分裂动画视频

细胞分裂是生物学中的一个重要概念，通过动画视频展示细胞分裂的过程，学生可以更直观地理解这个复杂的生物过程。例如，有丝分裂的动画视频可以展示细胞从细胞核的分裂到两个子细胞形成的全过程，包括染色体的复制、纺锤体的形成、染色体的分离和细胞质的分裂。动画视频通过色彩鲜明、动态演示的方式，将细胞内的微观变化具体化，使学生能够清楚地看到每一个步骤的变化和每一个细胞器的运动。此外，动画视频还可以展示细胞质分裂、减数分裂等其他类型的细胞分裂过程，帮助学生全面掌握细胞分裂的各种形式和特点。

（2）生态系统互动视频

生物课程中的教学视频还可以展示生态系统的相互作用。例如，通过视频展示食物链的动态变化，可以帮助学生理解生物之间的相互依存关系，提高学生对生态系统复杂性的认识。视频可以模拟不同生物在生态系统中的行为和相互关系，又如，捕食、竞争和共生。通过这些互动视频，学生可以看到生态系统中能量流动和物质循环的过程，理解每个生物在生态系统中的作用和地位。视频还可以展示不同生态系统的特征和变化，如森林生态系统、海洋生态系统和草原生态系统等，帮助学生全面了解地球上各种生态系统的多样性和复杂性。

3. 结合名师授课的教学视频

教学视频还可以结合名师授课，提供高质量的教学内容。例如，通过录制名师的课堂讲授，学生可以接触到更多高水平的教学资源，即使身处偏远地区，也能享受到优质的教育。

（1）名师课堂视频

名师课堂视频通过录制优秀教师的授课过程，将其丰富的教学经验和独特的教学方法传递给更多学生。名师课堂视频不仅涵盖了丰富的学科知识，还能够通过生动的讲解和互动，激发学生的学习兴趣和积极性。例如，在数学课程中，名师通过视频讲解复杂的数学定理和公式，结合实际例题，帮助学生深入理解和应用数学知识。名师课堂视频还可以通过分章节、分主题的方式进行录制，方便学生根据自己的学习进度和需求进行选择和观看，提高学习的灵活性和自主性。

（2）课后讨论与问题解答视频

名师授课的视频还可以结合课后讨论、问题解答等环节，提供更加全面的学习支持。例如，学生在观看名师课堂视频后，可以通过在线平台参与课后讨论，提出自己的疑问和见解，并与名师和同学进行交流和互动。名师可以通过视频回答学生的问题，提供详细的解答和指导，帮助学生解决学习中的难题。通过这种方式，学生不仅可以加深对知识的理解，还可以培养自主学习和合作交流的能力。

（二）电子书籍

数字化教材还应结合电子书籍，提供丰富的学习资源。电子书籍不仅能够承载传统纸质书籍的内容，还可以通过多媒体元素，如图片、音频、视频等，丰富学习内容。

1. 语文课程中的电子书籍

在语文课程中，电子书籍可以提供名著阅读和文学赏析。通过音频朗读，学生可以听到专业的朗读音频，感受文字的音韵美和节奏感。

（1）名著阅读与音频朗读

例如，在学习《红楼梦》时，电子书籍可以提供专业朗读的音频，帮助学生更好地理解人物的情感和作品的氛围。音频朗读不仅可以提升学生的阅读兴趣，还可以帮助他们更好地把握作品的语言风格和节奏。通过反复聆听和跟读，学生可以提高自己的语言表达能力和文学素养。此外，电子书籍还可以提供多种语言版本的音频朗读，帮助学生进行多语言学习和文化交流。

（2）文学作品的多媒体讲解

电子书籍还可以通过视频讲解文学作品的背景、主题和艺术手法，增强学生的理解和欣赏能力。例如，通过视频讲解《红楼梦》的创作背景、主题思想和作者生平，学生可以更全面地了解作品的深层次内涵和艺术价值。视频讲解可以结合作品中的经典片段，对其进行详细地分析和解读，帮助学生深入理解作品的结构和艺术手法。此外，电子书籍还可以嵌入作家访谈、专家评论和读者反馈等多种形式的多媒体内容，丰富学生的学习体验和视野。

2. 历史课程中的电子书籍

在历史课程中，电子书籍可以通过嵌入历史文献、影像资料和专家解读，帮助学生深入理解历史事件和人物。

（1）历史文献与影像资料

例如，通过电子书籍展示二战时期的影像资料，可以让学生直观地感受到战争的残酷和对人类的影响。同时,通过专家的解读,学生可以更深入地理解历史事件的背景、过程和结果,提高历史知识的广度和深度。影像资料可以包括历史照片、电影片段和纪录片等,通过这些直观的资料,学生可以更生动地感受到历史的真实和震撼。

(2) 实时更新与动态调整

此外,电子书籍还可以实现实时更新和动态调整,及时补充最新的学术成果和教学资源,保持教材内容的时效性和前沿性。例如,在学习近现代史时,电子书籍可以实时更新最新的历史研究成果和发现,确保学生获得最前沿的知识。实时更新功能还可以帮助教师根据课程进度和学生需求,灵活调整教学内容和计划,提高教学的灵活性和针对性。

3. 电子书籍的便携性和实用性

电子书籍具有便携性,学生可以随时随地阅读和学习,极大地方便了学习过程。通过移动设备,学生可以在课余时间、旅途中甚至是休息时间进行学习,充分利用碎片化的时间提高学习效率。此外,电子书籍还可以设置笔记功能、标注功能和搜索功能,方便学生进行自主学习和知识管理。

(1) 便携性与碎片化学习

电子书籍的便携性使得学生能够随时随地进行学习,无论是在家中、学校还是公共场所,学生都可以通过移动设备进行阅读。这种即时的学习方式提高了学习的灵活性和自主性。学生可以根据自己的时间安排,灵活选择学习内容和进度,充分利用碎片化时间进行高效学习。例如,学生可以在通勤时间阅读电子书籍中的文学作品,在休息时间观看视频讲解,在等待期间进行互动练习。

(2) 笔记与标注功能

电子书籍的笔记和标注功能极大地方便了学生的学习和知识管理。学生在阅读过程中,可以随时记录学习笔记和心得体会,并对重要内容进行标注。这些笔记和标注不仅可以帮助学生加深对知识的理解和记忆,还可以作为复习和查找资料的便利工具。例如,在学习历史课程时,学生可以在电子书籍中对重要的历史事件、人物和概念进行标注,并记录相关的学习笔记和疑问,方便日后查找和复习。

（3）搜索与知识管理

电子书籍的搜索功能使得知识管理更加高效和便捷。学生可以通过关键词搜索快速地查找相关的知识点和内容，节省了大量的时间和精力。例如，学生在准备考试时，可以通过搜索功能快速定位到需要复习的章节和重点内容，提高复习的效率和效果。此外，电子书籍还可以实现知识的分类管理和系统整理，帮助学生建立自己的知识体系和学习档案，提升学习的系统性和条理性。

二、数字化教材的实践

（一）教材示范课

示范课通过实际教学展示，为教师提供了一个直观的学习和借鉴平台。例如，可以邀请经验丰富的教师或教育专家，利用数字化教材进行课堂教学展示，涵盖从课程设计、教学过程到课堂管理的全面内容。

1. 课堂观摩

通过课堂观摩，其他教师可以直观地了解数字化教材在实际教学中的应用效果和具体操作方法。例如，可以组织学校内部或地区间的观摩活动，让教师有机会亲身体验数字化课堂，观察和学习优秀教师的教学策略和方法。在观摩过程中，教师可以注意到如何将数字化教材有效地融入课堂教学中，如何利用多媒体资源吸引学生的注意力，如何设计互动环节激发学生的参与热情，如何通过即时反馈和评价帮助学生掌握知识点。

2. 教学研讨会

除了课堂观摩，还可以组织教学研讨会，邀请教师分享示范课的观摩感受和教学心得，讨论数字化教材在不同学科和教学情境中的应用策略和改进建议。例如，可以设置专题讨论环节，让教师围绕"数字化教材在提升学生学习效果中的作用"这一主题进行深入探讨，分享各自的成功经验和面对的挑战。此外，研讨会还可以邀请教育专家进行点评和指导，帮助教师改进和完善他们的教学方法和策略。

3. 示范课录像和分享

为了扩大示范课的影响，可以将优秀的示范课录制下来，并在教师培训平台或学校网站上分享。更多的教师可以通过观看录像学习和借鉴示范课中的优秀教学方法和经验。可以在学校网站上建立"示范课资源库",收集和整理各学科的示范课视频,供教师随时观看和学习。此外,还可以设置在线讨论区,教师可以在观看示范课后,在线分享他们的观后感和教学心得,进一步促进交流和学习。

(二)教材评估与反馈

1.教材评估

在数字化教材的实践中,应建立科学的评估体系,对教材的使用效果进行全面评估。例如,通过学生问卷调查、教师反馈和教学效果分析,了解数字化教材的实际应用效果和存在的问题,为教材的改进提供依据。

(1)学生问卷调查

学生是教材使用的主要对象,他们的反馈对于评估教材的效果至关重要。问卷调查是收集学生对数字化教材的使用体验、学习效果和改进建议的重要途径。例如,可以设计问卷调查表,涵盖教材的内容质量、互动性、易用性等多个方面,邀请学生填写他们的真实感受和意见。通过分析学生的反馈数据,可以发现教材中存在的问题和不足,为进一步改进提供依据。

(2)教师反馈

教师是教材的直接使用者,他们的反馈对于教材的改进也具有重要意义。通过定期的教师反馈会议,收集教师对数字化教材的使用体验、教学效果和改进建议。例如,可以组织教师座谈会,邀请教师们分享他们在使用数字化教材中的经验和心得,讨论教材的优点和缺点,以及在实际教学中的应用效果。通过听取教师的反馈意见,可以了解教材在教学实践中的实际表现,并根据教师的建议对教材进行改进和优化。

(3)教学效果分析

教学效果分析是评估数字化教材使用效果的重要手段之一。通过分析学生的学习成绩、课堂参与情况和知识掌握情况,评估数字化教材对教学效果的影响。例如,可以收集和分析学生的考试成绩和课堂表现,比较使用数字化教材前后的变化,了解教材对学生学习效果的具体影响。此外,还可以通过课堂观察和教学录像,分析教师在使用数字化教材时的教学方法和策略,评估其对课堂教学效果的影响。

2. 教材反馈机制

建立有效的反馈机制，及时收集和处理教师和学生对数字化教材的意见和建议。例如，通过在线反馈平台，教师和学生可以随时提交使用意见和改进建议，教材开发团队可以根据反馈进行及时的调整和改进，提高教材的实用性和教学效果。

（1）在线反馈平台

在线反馈平台为教师和学生提供了一个便捷的反馈渠道。通过在线反馈平台，教师和学生可以随时提交他们对数字化教材的意见和建议。例如，可以在学校网站或教育平台上设置反馈专区，教师和学生可以通过在线表单或邮件提交反馈意见，教材开发团队可以及时收到并处理这些反馈信息。通过这种方式，可以建立一个持续的反馈和改进机制，确保教材的不断优化和升级。

（2）定期反馈会议

除了在线反馈平台，还可以定期组织反馈会议，邀请教师和学生代表参与，讨论数字化教材的使用情况和改进建议。例如，可以每季度或每学期组织一次反馈会议，收集和整理教师和学生的反馈意见，并与教材开发团队进行交流和讨论。通过这种面对面的交流和沟通，可以更深入地了解教师和学生的需求和期望，推动教材的持续改进和优化。

（3）反馈结果的公开和应用

为了增加反馈机制的透明度和有效性，可以将反馈结果公开，并应用于教材的改进和优化。例如，可以在学校网站或教育平台上公布反馈结果和改进措施，让教师和学生了解反馈的处理情况和改进进展。通过这种方式，可以增强教师和学生的参与感和信任感，促使他们积极参与教材的反馈和改进过程。

第六章 中国式乡村教育师资队伍的数字化培训

第一节 数字化教育培训的必要性

一、师资队伍数字化转型的迫切性

随着信息技术的迅猛发展，全球社会正经历着深刻的变革。互联网、人工智能、大数据等技术的广泛应用，不仅改变了人们的生活方式，也深刻影响了教育模式的变革。数字化教育成为现代教育发展的必然趋势，各国纷纷推进教育信息化战略，以应对信息时代的挑战。中国乡村教育一直是教育体系中的薄弱环节。由于地理位置偏远、经济发展滞后，乡村学校在教学资源、师资力量、教育环境等方面存在诸多不足。传统的教育模式已无法满足现代教育的需求，更难以实现教育公平和优质教育的目标。数字化转型被认为是解决这些问题的重要途径，通过引入先进的数字技术，可以有效提升乡村教育质量。

（一）乡村教师数字化能力的现状

目前许多乡村教师缺乏必要的数字化知识和技能，无法充分利用数字技术进行教学。调查显示，部分乡村教师甚至没有基本的计算机操作能力，更不用说运用复杂的教育软件和在线教学平台。这种情况不仅限制了教育质量的提升，也制约了乡村教育现代化的发展。

1. 乡村环境导致教师数字化教学能力发展意识淡薄

乡村学校受乡村环境的影响，学习工具和学习资料紧缺，学习制度僵化，限制了教师教学能力的提升。乡村的经济发展也是影响教师能力提升的因素，乡村学校自身无法进行信息化培训，教学设备有限并且能对其进行熟练操作的教师少之又少，教师的课程设计只能融合简单的多媒体操作，无法融合新兴技术，不能深入实践数字化教育，教学方式得不到创新，不能实现教师教学个性化发展。这导致部分乡村教师内生能力弱化、职业认同感低，满足现有的专业知识和通俗技能，在对待乡村学校教育教学能力与城市存在差距的问题上，理所当然地接受评定结果，鲜少有人进行自我规划，主动提升教育教学能力。乡村课堂随着乡村文化与智慧技术的融合需要呈现出教学的多样性，同时乡村教师的专业发展也应得到关注并获得相应的物力支持，然而乡村教师长期身处落后的教育环境，缺乏自信并不擅长开口请教，造成了交流逆差困境。因此需要乡村教师建立专业自信，主动去了解"互联网＋教育"新模式的观点并学习数字化教学要具备的技能知识。

2. 乡村教师本体知识陈旧且乡村教育资源缺乏

乡村教师分为两类，第一类是本地的老教师，此类教师在乡村教学多年，有自己独特的教学风格，但理论基础薄弱，因接受新鲜事物能力低、电子设备应用不灵活导致教师本体知识无法更新，不具备全面的知识体系，教师队伍缺乏创新性，教给学生的只有学科知识和通识知识。第二类是师范生通过"硕士计划""特岗计划"以及免费师范生政策，分派至各个乡村进行教学，此类教师是乡村教师里的新生力量，为教师队伍增添了"新鲜血液"。数字教育要求教师通过在课堂上练习TPACK来充分利用数字设备。然而，乡村学校大多处于偏僻地区，配备的教学工具较少并且网络信号等常常会受到自然环境的影响，教学环境恶劣并且远离实体教研中心，教研能力无法提升。乡村地区的条件导致恶性循环，年轻教师重蹈覆辙，离开师范院校后，谈论话题很少涉及教育管理、社会教育、智能教育技术等科学研究，缺乏数字技能和知识的应用。

3. 乡村教师培训不足且缺乏针对性

信息化时代教育面临种种挑战与变革，乡村教育作为教育改革的重点相应地也要改进教学模式。要提升乡村教师的教育教学能力，信息技术能力与创新能力是先决条件。教师培训至关重要，但城市教师的名额占比多，乡村教师的机会少，比如STEAM教育和创客教育的培训，乡村教师缺少与优秀教师的交流，缺乏经验学习。从长远来看，农村地区的教师无法迅速接受新的教学理念，从而导致教学方法落后。同时，在乡村环境的影响下，他们会对现状感到满意，降低自身要求，缺乏创新和竞争意识。与此同时，培训内容往往侧重于城市特征，逐渐导致城市和农村地区之间二元结构分明，城市的文化冲击乡村原有的文化，当乡村教师参与到培训时发现培训内容与自己所在教学环境不匹配,所学内容无法在乡村学校得到实践,兼顾不到乡村师生的特殊性。乡村教师与不同地区教师接触后发现自己与城市教师之间的差距越来越大,意识到培训的意义不大还会占用上课时间,便降低了参与培训的积极性。

4. 乡村教师缺乏制度保障

在国家支持的框架内,政府针对乡村教育发布了一系列激励政策,利用政治影响力提高农村地区对教师的吸引力,努力改善农村地区教师的福利待遇,以稳定人才和提供帮助,避免农村地区教师流失。❶但乡村学校的保障机制依旧处于劣势,日常工作中传统教学仍是主要方式,没有采取有关数字化教学的监督和管理措施,因缺乏资源使用的有效保障和符合条件的激励机制,导致资源使用效率低下,这会影响教师学习和使用数字资源的热情。大多数乡村学校缺乏建设性的数字资源管理系统和优质的教育资源管理机制,有限的数字资源无法扩展到整个学校、整个乡镇甚至整个县,只能供少数人使用。《中国农村教育发展报告2019》指出,对支持乡村教师的培训经费投入不足,培训经费占公用经费比重为2.93%,与国家政策规定的不低于5%存在差距,用于支持乡村教师发展的经费比例不达标,并且西部地区农村学校投入更低。❷乡村教师得不到明文规定的保障,对未来发展感到迷茫,迫切需要高效且符合程度高的政策来提升职业归属感和职业认同感。

(二)数字化转型的紧迫性

数字技术的进步为教育提供了前所未有的机会,也对传统教育模式提出了新的挑战。对中国的乡村教育而言,数字化转型不仅是顺应时代发展的必要举措,更是解决其面临的困境的关键途径。当前,乡村教育在教学资源、师资力量、教育环境等方面存在显著不足,亟须通过数字化手段实现教育质量和公平性的提升。

乡村教师作为教育实施的核心,其数字素养和数字化教学能力直接影响教育质量。然而,许多乡村教师在数字化知识和技能方面仍存在不足,无法充分利用数字技术开展教学活动。部分乡村教师甚至缺乏基本的计算机操作能力,更不

---

❶ 白亮. 乡村教师激励政策优化[J]. 教育研究, 2021 (12): 142-150.
❷ 柳立言,张会庆,闫寒冰. 智能时代乡村教师专业发展的困境、机遇和实践路径[J]. 中国电化教育, 2021 (10): 105-112.

用说熟练运用各种教育软件和在线教学平台。这种现状不仅制约了教育质量的提升，也阻碍了乡村教育现代化的进程。因此，加快乡村教育师资队伍的数字化转型尤为迫切。

教育的数字化转型不仅是提升教育质量的有效途径，也是实现教育公平的重要手段。通过数字化教育培训，可以有效提升乡村教师的数字素养和数字化教学能力，使其能够熟练运用各种数字工具和技术进行教学。例如，乡村教师可以通过在线教学平台与学生进行实时互动，利用教育软件进行个性化辅导，通过虚拟现实技术开展沉浸式教学。这些数字化手段不仅可以丰富教学内容，提升教学效果，还能让乡村学生享受到与城市学生同等的教育资源，缩小城乡教育差距。此外，数字化转型还可以极大地提升教育资源的利用效率。在传统的教育模式下，乡村教育资源往往受限于地理位置和经济条件，难以实现资源的优化配置。通过数字化手段，可以打破时间和空间的限制，实现教育资源的共享与流通。又如，通过云平台，教师可以随时随地访问各种教学资源，学生也可以通过在线课程进行自主学习。教育资源的数字化不仅提高了资源的利用效率，还为乡村教育提供了更加灵活和多样的教学模式。

二、数字化教育培训的目标与内容

以往乡村教师在教育过程中主要扮演知识传授者的角色，通过课堂教学向学生传授知识和技能。然而，随着数字技术的快速发展和应用，教育数字化转型为乡村教师提供了更多的机会和挑战，乡村教师的角色也要做相应的调整和转变。数字化教师不仅是乡村教育的主体，也是知识传授者，还是学生的指导者和榜样。数字化教师是指在教育领域能够运用现代技术提升教学效果的教师。数字化教师具备使用数字化工具进行课程设计、教学备课、教学实施和评估等教学活动的能力，能够灵活运用多媒体、在线学习平台、虚拟现实等工具与教育资源，提供多样化的教学方法和教学内容，满足学生个性化学习的需求。同时，数字化教师还能够利用数据分析和学习管理系统等工具进行教学过程与学生学习情况的监测、分析，以便更好地进行教学和教育管理决策。

（一）引领者

乡村教师在数字化转型中发挥引领作用，能培养学生的数字技能、数字素养和信息获取能力。随着社会的发展，数字化已经成为人们生活的重要组成部分。乡村教师作为教育者，有责任帮助学生适应数字化时代的教育环境。

1. 掌握数字技能和信息获取能力

（1）基础数字技能培训

乡村教师作为教育技术使用者，要掌握基本的计算机操作技能，具备一定的数字技能和信息获取能力。通过基础的计算机操作培训，教师可以掌握开关机、文件管理、系统设置等基本操作，确保其能够独立完成计算机的日常使用。

（2）高级数字技能培训

在基础技能掌握后，教师还需进一步学习办公软件的使用，如 Word、Excel、PowerPoint 等。这些技能不仅能提高教师自身的工作效率，还能使其在教学中更好地使用和管理教学资源。例如，使用 Excel 进行学生成绩的统计和分析，使用 PowerPoint 制作生动的课件，提高课堂教学的互动性和直观性。

2. 熟练掌握教育数字化工具

（1）教育技术工具的培训

乡村教师需要熟练掌握教育数字化所需的技术工具和平台，通过数字技术开展教学和教学资源的管理。要了解并能够使用在线教育平台、教学软件、电子教材、教学网站等，并能够将这些工具与教学内容有效结合，将这些知识传授给学生，帮助学生利用电子资源进行学习和研究，提高学生的学习成果。例如，教师可以通过电子白板进行互动教学，利用在线教学平台与学生进行实时互动，使用教育软件进行个性化辅导等。

（2）多媒体和虚拟现实技术的应用

多媒体和虚拟现实技术的应用也是数字化技能的重要部分。通过多媒体技术，教师可以将文字、图片、视频、音频等多种媒介形式结合起来，制作出更具吸引力和互动性的教学内容。虚拟现实技术则可以为学生提供沉浸式的学习体验，让学生在虚拟环境中进行实验和探究，增强学习的趣味性和效果。

3. 学习引导者的角色

（1）培养学生的自主学习能力

乡村教师不仅是知识的传授者，更是学习的引导者。在教育数字化转型中，教师要更多地扮演学习引导者的角色，帮助学生培养自主学习的能力，引导学生提高数字素养，引导其学习如何借助数字工具和互联网获取准确、可信的信息，并辨别信息真伪，指导其有效地利用数字资源进行学习。通过教学活动和项目实践，帮助学生培养信息搜索、信息评估、信息处理和信息交流的能力。

（2）指导学生进行项目式学习

项目式学习是一种以学生为中心的教学方法，通过让学生参与实际项目的设计和实施，培养其综合能力。教师可以通过设计具有挑战性和实践性的项目，引导学生利用数字工具和资源进行研究和探究，培养其解决问题的能力和团队合作精神。例如，可以设计一个环保项目，让学生通过互联网收集资料，利用数据分析软件进行数据处理，最终制作报告和展示成果。

（二）创新者

1. 教学创新的推动者

（1）探索新的教学方法

乡村教师在教育数字化转型中要成为教学创新的推动者。他们应该探索和应用新的教学方法与教育科技工具，创造性地设计和实施教学活动，以提高学生的学习效果和参与度。利用数字化教学资源和工具进行多媒体教学、案例研究和模拟实验，激发学生的学习兴趣和创造力。例如，通过翻转课堂模式，让学生在课前通过观看视频、阅读材料进行预习，课堂上进行讨论和实践，增强学习的效果和互动性。

（2）运用教育技术进行个性化教学

个性化教学是教育数字化的重要目标之一。通过数字化技术，教师可以根据每个学生的学习特点和需求，制订个性化的教学方案，提供针对性的辅导和支持。例如，利用智能学习平台，教师可以根据学生的学习数据，分析其学习进度和薄弱环节，提供个性化的学习建议和资源，提高学习的效率和效果。

2. 课程设计者和评估者

（1）数字化课程设计

乡村教师需要参与课程设计和教学评估工作。在教学过程中，结合数字化技术设计和改进教学方案、教学活动和评估方法。通过数字化课程设计，教师可以将传统课程内容与数字化资源相结合，设计出更加丰富和多样的教学内容。例如，在设计数学课程时，可以利用在线数学游戏和仿真实验，增强学生的学习兴趣和理解力。

（2）教学评估和改进

数字化技术为教学评估提供了新的工具和方法。通过在线测试和学生表现数据分析，教师可以及时了解学生的学习情况，发现教学中的问题和不足，及时调整教学策略。例如，通过学习管理系统（LMS）收集和分析学生的学习数据，教师可以根据数据反馈，调整教学内容和方法，提供有针对性的辅导和支持，提高教学质量。

3. 合作与探究学习的促进者

（1）推动探究式学习

乡村教师在教育数字化转型中要与其他教师、学生和家长建立良好的合作关系。利用数字工具和平台引导学生开展探究式学习和合作学习。通过引导学生自主发现和解决问题的方式，培养其思考和独立解决问题的能力。例如，通过在线讨论平台，教师可以引导学生进行问题探讨和研究，鼓励他们提出问题、寻找答案，培养其批判性思维和创新能力。

（2）促进合作学习

合作学习是培养学生团队合作和沟通能力的重要方法。教师可以通过组织学生进行小组活动和团队工作，促进学生之间的互动和合作。例如，通过在线协作工具，学生可以共同完成项目，分享资料和成果，增强团队合作意识和能力。

（三）学习者

1. 持续学习和知识更新

（1）主动参加培训和学习

在数字化转型中，乡村教师要不断学习和更新知识，以适应快速发展的教育数字化转型。教师应该主动参加培训和学习，不仅要了解最新的教育技术和工具，还要了解教育理论和方法的变化，掌握教育改革的最新动态。例如，可以通过在线课程、自学书籍、参加工作坊等方式，持续提升自己的专业素养和教学能力。

（2）了解教育理论和方法的变化

教育理论和方法在不断变化和发展，教师需要不断更新自己的知识和技能，以适应教育改革的需要。例如，通过阅读教育学术期刊、参加教育研讨会，教师可以了解教育领域的最新研究成果和发展趋势，提升自己的教育理论水平和教学实践能力。

2. 专业交流与经验分享

（1）参与专业交流和分享经验

乡村教师还应积极参与专业交流和分享经验，通过参加教育研讨会、邀请专家举办讲座和培训，与其他教师进行经验交流和合作，相互学习和借鉴。例如，通过参加教育科技展览会，了解最新的教育技术和工具，学习其他教师的成功经验和教学方法，提升自己的教学水平和创新能力。

（2）利用网络平台进行交流和学习

网络平台为教师提供了广泛的交流和学习机会。通过教育论坛、在线社群、教育博客等平台，教师可以分享自己的教学经验和成果，同时向其他教师学习和借鉴教学技巧。例如，教师可以在教育论坛上发表文章，分享自己的教学案例和心得，获取同行的反馈和建议，提升自己的教学水平和专业素养。

3. 教育研究与实践创新

（1）参与教育研究项目

教育研究是提升教学水平和教育质量的重要途径。教师可以通过参与教育研究项目，进行教学实践和创新。例如，可以通过行动研究法，探索和改进自己的教学方法，提升教学效果和学生的学习体验。

（2）开展教育实践创新

教育实践创新是教育发展的动力。教师可以通过开展教育实践创新，探索新的教学方法和模式。例如，可以通过设计和实施教育实验，验证新的教学方法和技术，提升教学效果和教育质量；可以尝试混合式教学模式，将传统课堂教学与在线学习相结合，探索翻转课堂、项目式学习等新型教学模式，提升学生的学习效果和参与度。

第二节　教师数字素养培养

一、深化乡村教师数字化教育教学理论，促进角色定位

"互联网+教育"的变革，打破固有的传统思维定式，教师需要从传统教师向数字化能力者进行角色转换。教师作为知识的应用传播者、课程的开发者和设计者，要真正做到学科知识与技术实践的融合并适应线上教学模式。在互联网教学环境下进行理论建构，可以使乡村教师真正认识智能时代的教学要求，将智能时代的创新技术和新思想融入培训体系的全程，使外驱力转向内生动力，形成人机协同。

（一）"互联网+教育"变革对教师角色的要求

1. 角色转换的重要性

（1）从知识传授者到数字化能力者

"互联网+教育"的变革打破了固有的传统思维定式，要求教师从传统的知识传授者角色向具备数字化能力的教育者角色转换。乡村教师不仅需要传播知识，还需成为课程的开发者和设计者，真正做到学科知识与技术实践的融合，适应线上教学模式。

（2）教师的多重角色

在新时代背景下，教师不仅是知识的应用传播者，更是课程的开发者和设计者。这一转变要求乡村教师在互联网教学环境下进行理论上的建构，认识智能时代的教学要求，将智能时代的创新技术和新思想融入培训体系的全程。

2. 理论建构与实践应用

（1）构建理论基础

在互联网教学环境下进行理论建构，可以使乡村教师真正认识到智能时代的教学要求。通过深入的理论学习，乡村教师能够理解和应用现代教育技术，提升教学效果。

（2）实践中的创新与应用

理论指导实践，乡村教师需要在实际教学中不断创新，将学到的数字化教育理念和方法应用到课堂上。通过多媒体教室组织课堂活动，提升学生的学习兴趣和参与度。

（二）多媒体教学工具的应用

1. 工具使用方法的掌握

（1）多媒体教室的应用

乡村教师应掌握多媒体教室设备的操作和使用方法，如在线课程制作、互动教学平台的利用等。通过这些工具，教师能够组织更加生动和互动的课堂活动，提升教学质量。

（2）数字化教学活动的设计

乡村教师要从书本知识的传授者转变为数字化教学活动的发起者，设计和实施丰富多样的数字化教学活动，满足学生的多样化需求。

2. 因材施教与个性化教学

（1）个性化教学的重要性

互联网为乡村教育的发展提供了新的机遇，学生的需求也变得更加多样化。每个学生都是独立发展的个体，乡村教师需要根据他们不同的特点进行指导，培养新型建设者，为乡村的未来发展奠定基础。

（2）因材施教

乡村教师要摆脱旧有的教学思路，成为真正的因材施教者，根据学生的个体差异设计和实施个性化教学方案，提高教学的针对性和有效性。

二、均衡数字化资源和教学设备，提升乡村教师数字素养

（一）资源共享平台的建立

1. 政府和教育部门的责任

（1）建立资源共享平台

在"互联网+"的加持下，经济社会的不平衡可能会加剧区域资源分配的不公平。然而，数字化教育资源通过网络传播具有空间任意性，不受制约。政府和相关教育部门需要帮助乡村建立资源共享平台，为教育均衡发展提供基础设施，

确保偏远乡村学校的宽带和光纤接入互联网。

（2）推动资源均衡配置

政府应通过政策和财政支持，确保乡村学校能够获得与城市学校相等的数字化教育资源，缩小城乡教育资源差距，促进教育公平。

2. 教学设备的配备

（1）教学设备配备

对于特困乡村，政府应配备适合教师讲课的教学设备，便于乡村教师通过数字资源提升教学质量。这样的措施不仅可以打破地域限制和时间限制，还能促进乡村教师"数字素养"的提升，推动乡村教育的数字化转型进程。

（2）技术设备的维护与更新

政府和教育部门还应定期对乡村学校的教学设备进行维护和更新，确保设备始终处于良好状态，以支持教师的数字化教学活动。

（二）数字终身学习意识的培养

1. 规范乡村教师的数字技术知识

（1）起步阶段的规范

教育部门需要在起步阶段对乡村教师进行数字技术知识的规范培训，确保教师掌握基本的数字技术知识和技能，为后续的教学工作打下基础。

（2）模仿阶段的指导

在模仿阶段，教育部门应提供详细的指导和支持，帮助教师理解和遵循相关的技术细则，提高他们在数字化教学中的实际操作能力。

2. 乡村学校的引导作用

（1）树立终身学习意识

乡村学校必须发挥规范性作用，引导乡村教师树立终身学习意识，高度重视培养数字学习能力。在数字教育中，乡村教师应发挥思维引导的作用，帮助学生更好地适应和利用数字化学习资源，提升学习效果。

（2）建设数字化学习环境

乡村学校应积极建设和完善数字化学习环境，提供丰富的数字学习资源，支持教师和学生的数字化学习活动，提升整体教学质量。

三、针对性设计培训方案提升乡村教师适应性

（一）智能时代乡村教师教学新模式

1. 结合国家政策设定教学目标

乡村教育结合人工智能是大势所趋。根据国家的政策，地方和乡村学校需要设定相应的教学目标，建立智能时代乡村教师教学的新模式。这种新模式要求教师不仅要具备传统的教学技能，还要掌握智能技术的应用，提升教学效果。

2. 创新教学方法与模式

智能时代的教学需要创新的教学方法和模式，乡村教师应结合人工智能技术，设计和实施符合时代要求的教学活动，提升学生的学习体验和效果。

（二）"本土情境性"培训的实施

1. 根据乡村学校现状设计培训方案

《乡村教师培训指南》指出，培训方案在设计时要突出"本土情境性"，根据乡村学校的现状提升培训的实效性。培训内容要注重与实际教学情况的紧密联系，通过实践操作和理论学习相结合的方式，提升乡村教师的数字化教学能力。

2. 提升培训实效性

培训方案要明确培训的目的，了解目前培训者对乡村学校的关注度，主动提供乡村教学环境以及教育教学资源的信息，以问题为导向确定针对性教学内容，确保培训的实际效果。

四、完善乡村教师激励机制，构建教育生态

（一）多元化、个性化教学知识的需求

1. 信息技术形态下的教学知识

（1）多元化教学知识的需求

在信息技术形态下，教师需要具备更加多元化、个性化的教学知识。技术赋能下的教育生态也需要不断创新，乡村教师需要通过学习和实践，掌握新的教学方法和技术，提升教学能力。

（2）个性化教学策略的应用

每个学生都有独特的学习需求和特点，乡村教师应根据学生的个体差异设计和实施个性化教学策略，提高教学的针对性和有效性。

2. OMO 教育生态的应用

线上线下融合的教育生态。现阶段，OMO（线上线下融合）教育生态、全媒体教育生态和智慧教育生态已经逐步融入教学。然而，乡村条件有限，需要建构符合乡村学校的智力资源服务生态，通过大平台获得其他学校的智力资源，弥补乡村条件的不足。

（二）政策保障与激励机制的完善

1. 长效津贴财政保障机制的建立

（1）保障乡村教师的生活质量

为了进一步强化乡村教师的政策保障机制，需要建立长效的津贴财政保障机制，为乡村教师生活提供帮助。这种机制不仅能够提高乡村教师的生活质量，还能激发他们的工作积极性和热情，进而提升教育质量。

（2）激励机制的多样化

除了经济上的津贴，政府还应通过评优奖励、职称晋升等方式多方面激励乡村教师。通过完善的激励机制，吸引优秀教师扎根乡村教育，提高乡村教师队伍的整体素质。

2. 教师轮岗制和交流机制的实施

（1）促进城乡教育资源的均衡

地方教育局要充分发挥科研人员的作用，通过教师轮岗制或者定期派送市级或县级学校数字技术能力较强的教师，在乡村学校教学并定期组织交流会。这种方式不仅能促进城乡教育资源的均衡分配，还能帮助乡村教师提升专业素养。

（2）经验交流与技术分享

交流会的内容包括教学经验交流以及数字化技术如何融入教师的课堂和课程设计。通过经验交流和技术分享，乡村教师可以学习到先进的教学方法和技术，提升自己的教学能力。

（三）"政府—学校—社会"新型互联网关系的构建

1. 教育治理体系和治理能力的现代化

（1）互联网工具的有效应用

通过互联网这一工具，政府在出台相应制度后可以避免乡村学校的懈怠性，对乡村学校的教学进行有效的管理。同时，社会公众也可以监督政府对乡村学校的管理，实时监督乡村教师的工作，构建良好的教育生态。

（2）信息公开与透明化

政府应加强信息公开，确保教育政策和措施的透明化，接受社会的监督。这不仅能提高教育治理的效率，还能增强社会对教育工作的信任和支持。

2. 智力资源服务生态的构建

（1）平台资源的共享

乡村教师可以通过网络平台获得其他学校的智力资源，弥补乡村条件的不足，提升教学质量。通过构建智力资源服务生态，乡村教师能够不断学习和提升自己的教学能力，更好地服务乡村学生。

（2）建立合作机制

政府、学校和社会应建立合作机制，共同推动乡村教育的发展。通过资源共享、合作创新等方式，为乡村教育提供更多支持，促进乡村教师的专业发展。

第三节 乡村教育师资队伍数字化培训的策略与方法

一、数字化培训的模式与方法

（一）混合式学习模式

1. 线上与线下相结合的培训

（1）线上培训的优势

线上培训是一种打破传统学习限制的现代化培训方式。它能够突破地域和时间的限制，为乡村教师提供灵活的学习机会。通过在线课程、网络研讨会和虚拟课堂等形式，教师们可以在任何时间、任何地点访问丰富的教育资源。线上培训不仅打破了时间和空间的限制，还降低了交通和住宿成本，使得培训更加经济高效。

在线课程通常包括视频讲解、电子教材、在线测试和互动讨论等多种形式，这些资源能够帮助乡村教师系统地学习专业知识，提升专业素养。此外，网络研讨会和虚拟课堂提供了与专家和同行实时交流的机会，乡村教师可以在这些互动平台上提问、讨论和分享经验，从而深化对教学理论和实践的理解。在线平台还可以记录学习进度和成绩，方便教师随时回顾和复习已学内容，确保知识的巩固和应用。

（2）线下培训的必要性

尽管线上培训具有许多优势，但线下培训仍然是不可或缺的重要环节。线下培训注重实践操作和面对面的交流，这对于增强教师间的互动和合作至关重要。通过集中培训、实地考察和示范课等形式，乡村教师能够更直观地学习和体验数字化教学的实际应用。

集中培训通常包括专题讲座、工作坊和小组讨论等活动，教师可以在这种沉浸式的学习环境中全身心地投入学习，获得更深层次的理解和实践能力。实地考察和示范课提供了观察和学习优秀教学实践的机会，教师们可以亲身体验和感受先进的教学方法和技术，从而启发他们在自己的教学中进行创新和改进。

线下培训还促进了教师之间的社交互动和专业交流。面对面的交流能够建立更深的信任和合作关系，教师们可以分享经验、讨论问题、共同探讨解决方案，从而形成一个互相支持和学习的专业共同体。这种互动不仅有助于提升教师的专业素养，还能增强他们的职业认同感和归属感。

2. 案例教学法

（1）案例教学的特点

案例教学法是一种以具体教学案例为基础，通过分析和讨论实际问题来引导教师理解和应用教学理论和方法的教学方式。这种方法特别适用于乡村教师的数字化培训，因为它能够将理论知识与实际教学情况紧密结合，帮助教师更好地理解和应用数字化教学理念和方法，提高教学效果。

案例教学法的一个显著特点是其高度的实践性。通过具体的教学案例，教师可以看到理论知识在实际教学中的应用效果，这不仅有助于他们理解和掌握所学知识，还能激发他们的学习兴趣和主动性。此外，案例教学法强调互动和讨论，教师们可以在讨论中分享各自的观点和经验，互相学习和借鉴，从而提高解决实际问题的能力。

（2）案例教学的实施

在数字化培训中，选择典型的教学案例，结合乡村教学实际情况进行深入分析和讨论是案例教学法的核心实施步骤。培训机构应收集和整理一批典型的数字化教学案例，这些案例应涵盖不同学科、不同年级和不同教学情境，以便教师能够学习到多样化的教学方法和策略。

在培训过程中,培训导师可以先对案例进行详细讲解,帮助教师理解案例的背景、问题和解决方案。随后,教师们可以分组讨论,分析案例中的关键问题,探讨不同的解决方案和教学策略。在讨论过程中,教师们可以分享自己的教学经验和见解,互相启发和借鉴,从而形成更全面和深刻的认识。

通过案例教学法,乡村教师不仅可以学习到具体的教学方法和技术,还能提高分析问题和解决问题的能力。这种教学方式能够帮助教师将所学知识转化为实际教学能力,提升他们在实际教学中的应用水平,从而提高整体教学效果。

(二)项目式学习

1. 项目设计与实施

(1)项目式学习的理念

项目式学习是一种以任务和项目为中心的教学模式,强调在真实情境中通过完成具体项目来学习和掌握知识和技能。这种学习方式具有高度的实践性和应用性,能够有效培养教师的创新能力和实践能力。通过项目式学习,教师不仅可以深入理解所学的理论知识,还能在实践中检验和运用这些知识,从而提升他们在数字化教学中的应用水平。

项目式学习的核心在于让学习者在解决实际问题的过程中学习,这不仅能激发学习者的兴趣和主动性,还能培养他们的批判性思维和解决问题的能力。在数字化培训中,项目式学习可以帮助乡村教师更好地适应现代教育技术的要求,提高他们在数字化环境中的教学效果。通过真实项目的设计与实施,教师可以在具体情境中体验和理解数字化教学的复杂性和多样性,从而提升自身的综合素质。

(2)项目的设计与实施

在数字化培训中,项目的设计与实施至关重要。项目设计应结合教学实际情况,选择与教师日常工作密切相关的主题,如数字化课程开发、在线教学平台搭建等。这些项目不仅要具有现实意义,还要具备一定的挑战性,能够激发教师的学习动力和创新思维。

项目实施过程中,教师通常以团队形式合作完成任务。团队合作不仅可以促进教师之间的交流与协作,还能增强他们的团队意识和合作能力。在项目的各个阶段,教师需要进行分工合作、资源整合和任务协调,通过共同努力完成项目目标。在这个过程中，教师不仅能学以致用，将所学的数字化教学知识和技能应用到实际项目中，还能提高自身的协作能力和综合素质。

项目实施的成功与否，不仅取决于项目设计的合理性和教师的努力程度，还需要有系统的指导和支持。培训导师应在项目的各个阶段提供必要的指导和帮助，确保项目顺利进行。同时，通过定期地检查和评估，及时发现和解决问题，提高项目实施的质量和效果。

2. 评估与反馈机制

（1）多维度评估

项目式学习的一个重要环节是对教师的项目完成情况进行多维度评估。科学的评估机制能够全面反映教师在项目中的表现和进步，帮助他们了解自己的优势和不足，促进持续改进。评估应包括项目设计、实施过程和成果展示等方面。

在项目设计阶段，评估应关注项目目标的明确性、设计的合理性和创新性。通过对项目计划的评估，可以了解教师在项目初期的思考和准备情况。在项目实施过程中，评估应关注教师的任务完成情况、团队合作情况和解决问题的能力。通过对实施过程的评估，可以发现教师在实际操作中的表现和问题，提供针对性的指导和改进建议。在项目成果展示阶段，评估应关注项目的最终效果、教师的总结反思和展示的专业性。通过对成果的评估，可以全面了解教师在项目中的学习收获和进步情况。

（2）及时反馈

在项目进行过程中，及时的反馈对项目的顺利实施和教师能力的持续提升至关重要。培训导师应在项目的各个阶段提供及时的反馈，指导教师调整和优化项目方案。通过定期的评估和反馈，教师可以不断了解自己的进展和问题，及时进行调整和改进。

反馈的形式可以多种多样，包括口头反馈、书面反馈和团队讨论等。口头反馈可以在日常的项目会议和讨论中进行，通过面对面的交流，培训导师可以直接向教师传达建议和意见。书面反馈可以通过评估报告和意见书等形式提供，详细记录教师在项目中的表现和导师的建议，便于教师后续参考和改进。团队讨论则可以通过小组会议和集体评估等形式进行，通过集体的讨论和交流，教师可以从不同的角度了解自己的表现和问题，获得更多的改进建议。

（三）翻转课堂模式

1. 教学资源的准备

（1）翻转课堂的核心理念

翻转课堂是一种以学生为中心的教学模式，通过课前预习和课后巩固，改变传统的课堂教学结构。这种教学模式颠覆了传统课堂中教师讲授、学生听讲的模式，将知识传授的过程移到课外，而将课堂时间用于互动、讨论和实践。对于教师培训，翻转课堂可以促使教师在培训过程中主动学习，提升自我管理能力。

在翻转课堂模式下，教师需要在课前充分准备，通过观看视频课程、阅读电子教材和完成在线测验来进行自学。这样，课堂时间可以用来解决教师在自学过程中遇到的问题，通过讨论、答疑和实践活动，进一步深化对所学内容的理解和应用。翻转课堂不仅增强了教师的自主学习能力，还促进了他们对教学内容的深入理解和灵活运用。

（2）教学资源的准备

在翻转课堂模式下，教学资源的准备是关键。培训机构需要提供丰富的教学资源，包括高质量的视频课程、详尽的电子教材和具有挑战性的在线测验等。这些资源应覆盖培训的各个方面，满足教师多样化的学习需求。

视频课程应由经验丰富的专家和教师制作，通过生动的讲解和实际案例的演示，帮助教师理解复杂的概念和技术。在线测验则可以帮助教师检验学习效果，发现知识上的不足，及时进行补充学习。此外，教学资源应具有高度的灵活性和可访问性。教师可以根据自己的学习需求和节奏，自主安排学习内容，提高学习效率。通过灵活的资源使用，教师可以在工作之余进行学习，不受时间和地点的限制，充分利用碎片化的时间进行自我提升。

2. 互动与合作学习

（1）课堂互动的重要性

翻转课堂强调课堂上的互动与合作，通过讨论、答疑和小组活动等方式，促进教师之间的交流和合作。课堂互动是翻转课堂的重要组成部分，它不仅可以激发教师的学习兴趣，还能增强知识的内化和应用。

在翻转课堂中，教师通过课前预习掌握基本知识，课堂时间则用于解决问题和深入探讨。在课堂上，教师可以提出自己在自学过程中遇到的问题，进行集体讨论和探讨，通过互动交流，深化对知识的理解。同时，通过课堂上的实践活动，教师可以将所学知识应用到实际情境中，增强教学效果。

互动学习还可以促进教师之间的合作与交流。在讨论和合作的过程中，教师可以分享各自的经验和见解，互相学习和借鉴，从而提高整体的教学水平。通过互动和合作，教师可以形成一个互相支持和学习的专业共同体，共同进步和成长。

（2）合作学习的实施

在翻转课堂中，合作学习是实现互动和交流的重要途径。教师可以分组合作完成任务，共同探讨和解决问题。合作学习不仅能提高教师的团队协作能力，还能促进知识的共享和共同进步。

合作学习的实施需要精心的设计和组织。首先，应明确每个小组的任务和目标，确保每位教师都有明确的职责和分工。其次，应鼓励小组成员之间的交流和合作，通过讨论和分享，促进知识的传播和深化。在合作过程中，教师可以互相帮助，解决遇到的问题，共同完成任务目标。

合作学习还应注重评估和反馈，通过及时的评估和反馈，了解每位教师的参与情况和学习效果。评估可以采取多种形式，如自我评估、小组评估和导师评估等，通过多角度的评估，全面了解教师的学习情况。反馈则可以通过面对面的交流或书面形式进行，帮助教师了解自己的优势和不足，及时进行调整和改进。

二、数字化培训的实施路径

（一）构建系统化培训体系

1. 培训需求的分析

（1）调研与评估

在实施数字化培训前，全面了解乡村教师的培训需求至关重要。这一过程需要采用科学的调研与评估方法，包括问卷调查、访谈和数据分析等。通过问卷调查，可以大范围地收集教师对培训内容、形式和期望的反馈。访谈则可以提供更深入的见解，了解教师在日常教学中遇到的具体困难和挑战。数据分析则通过对已有数据的处理和解读，识别出乡村教师在数字化教学能力方面的优势和不足。

调研与评估不仅仅是数据的收集，还需要对数据进行系统分析，提炼出关键问题和需求。例如，通过调研可能发现，许多教师在使用数字化教学工具方面存在知识空白或者操作困难。又或者，通过访谈可以了解到教师希望在培训中获得更多实践机会，而不仅仅是理论学习。这些信息都是制订培训方案的重要参考依据。此外，调研与评估的过程应包括对教师背景、教育资源、学校环境等多方面的了解。这样可以确保培训方案的制订更加全面和精准，真正能够满足教师的实际需求，提高培训的有效性和针对性。

（2）需求分析的应用

基于调研结果，明确培训目标和重点内容，制订有针对性的培训方案是成功实施数字化培训的关键。需求分析不仅能帮助确定培训的具体方向和内容，还能有效提高培训的针对性和实效性。例如，如果调研结果显示教师在使用多媒体教学工具方面存在困难，培训方案就应重点安排相关的技能培训，帮助教师掌握必要的工具和技术。

需求分析的结果还应细化到每个教师的个体需求上。根据不同教师的具体需求和水平，制订分层次、分阶段的培训计划，确保每位教师都能在培训中获得最大收益。例如，对于已经具备一定数字化教学能力的教师，可以设计高级课程，深入探讨数字化教学的创新应用；对于初级水平的教师，则应提供基础培训，帮助他们掌握基本的数字化教学技能。

通过需求分析，可以为每位教师量身打造培训内容，提高培训的个性化和精准度，确保培训的每个环节都能有效满足教师的学习需求。

2. 制订培训计划

（1）阶段性培训计划

制订阶段性培训计划是确保培训工作有条不紊地进行的关键步骤。阶段性培训计划应根据培训目标和内容，明确每个阶段的培训任务和时间安排。通过分阶段的培训设计，可以逐步推进培训进程，确保每个阶段的培训任务都能够按时完成，并达到预期效果。

阶段性培训计划的设计需要考虑多个因素，包括培训内容的难易程度、教师的学习节奏和实际工作负担等。每个阶段应有明确的学习目标和评估标准，帮助教师逐步掌握数字化教学的核心技能和知识。例如，在初始阶段，可以侧重基础知识的培训，帮助教师打好基础；在中期阶段，可以安排实践操作和案例分析，增强教师的应用能力；在后期阶段，可以进行综合能力的提升和创新实践，确保教师能够灵活运用所学知识。

阶段性培训计划还应注重培训的连续性和系统性。各个阶段之间应有逻辑关联，前后呼应，确保教师在完成每个阶段的学习后，能够顺利过渡到下一个阶段，逐步提升自己的专业水平和实践能力。

（2）灵活的培训形式

在制订培训计划时，应充分考虑乡村教师的实际情况，采用灵活多样的培训形式，确保每位教师都能参与并受益。灵活的培训形式可以为教师提供多样化的学习途径和选择，使他们能够根据自身情况和需求进行学习，提升培训的有效性。

集中培训是一种常见的形式，通过专题讲座、工作坊和小组讨论等活动，集中时间和资源对教师进行系统培训。在线学习则突破了时间和空间的限制，教师可以通过在线课程、网络研讨会和虚拟课堂等形式，自主安排学习时间和进度，提高学习效率。

灵活的培训形式还可以增强教师的参与感和积极性。通过多样化的培训活动和学习方式，激发教师的学习兴趣和主动性，提高培训的吸引力和效果。例如，可以通过线上线下结合的方式，既保证系统的理论学习，又确保实践操作的体验；通过小组合作和讨论，促进教师之间的交流和合作，形成良好的学习氛围。

在设计培训形式时，还应充分考虑到乡村教师的实际工作负担和时间安排，确保培训的灵活性和便利性。例如，可以安排集中培训在寒暑假期间进行，减少对日常教学工作的影响；在线学习可以采用模块化设计，方便教师利用碎片化时间进行学习；实地考察可以结合本地优秀学校的教学实践，提供切实可行的学习和借鉴机会。

灵活多样的培训形式可以最大限度地满足乡村教师的学习需求，提高培训的实际效果，帮助他们更好地掌握和应用数字化教学技术，提升整体教学质量。

（二）构建优质数字化培训资源库

1. 多样化资源的开发

（1）课程资源的开发

开发丰富多样的数字化培训课程资源是提升乡村教师数字素养和教学能力的关键。课程资源应涵盖视频课程、电子教材、在线测验等多种形式，全面满足乡村教师的学习需求。视频课程通过生动的讲解和实际案例的演示，使教师能够直观地理解复杂的概念和技术。这些视频应由具有丰富经验的专家和教师制作，确保内容的科学性和实用性。

电子教材则提供系统的理论知识和实践指导，帮助教师全面掌握培训内容。这些教材应包括详细的教学方案、教学策略以及课堂管理技巧，帮助教师在实际教学中应用所学知识。电子教材还应具有互动性，通过嵌入视频、动画和链接，提供多样化的学习体验，增强教师的理解和记忆。

在线测验是检验教师学习效果的重要工具。通过在线测验，教师可以检测自己的学习进度，发现知识上的不足，并进行有针对性的补充学习。在线测验应设计合理，题型多样，既包括选择题、填空题等客观题型，也包括案例分析、开放性问题等主观题型，全面考察教师的知识掌握情况和实际应用能力。此外，课程资源的开发应注重实际应用，结合乡村教育的具体情况和需求。例如，可以设计针对不同学科、不同年级的数字化教学方案，帮助教师在具体教学中应用数字技术；还可以开发教学工具的使用指南和操作视频，帮助教师快速掌握各种数字化教学工具和平台的使用方法。通过多样化的课程资源，确保每位乡村教师都能找到适合自己的学习内容，全面提升教学能力。

（2）案例资源的收集

案例资源是数字化培训的重要组成部分，通过收集和整理典型的教学案例，形成案例资源库，可以为乡村教师提供宝贵的学习素材和参考。优秀教学案例能够反映出实际教学中的问题和解决方案，教师通过对这些案例的分析和学习，可以借鉴和应用到自己的教学实践中，提升教学水平。

案例资源库应涵盖不同学科、不同年级和不同教学情境的案例，为教师提供丰富的学习素材和参考。例如，可以包括数字化课堂管理的案例，展示如何利用数字工具进行课堂管理和学生互动；也可以包括线上线下混合教学的案例，展示如何设计和实施混合式教学，提升学生的学习效果。

在案例资源的收集过程中，应注重案例的多样性和代表性，选择那些能够反映实际教学问题和解决方案的案例。通过对这些案例的深入分析和学习，教师可以更好地理解和应用数字化教学理念和方法，提高解决实际问题的能力。此外，案例资源库还应包括详细的案例分析和讨论，帮助教师全面理解案例的背景、问题和解决过程,深入学习和借鉴优秀的教学经验。

2. 平台建设与维护

(1) 培训平台的搭建

建立专业的数字化培训平台,是提供便捷在线学习和交流环境的基础。一个高效的培训平台应具备课程管理、在线讨论、资源共享等功能,方便教师自主学习和互动交流。课程管理功能包括课程的发布、更新和管理,确保教师能够快速地找到所需课程,了解课程内容和学习要求。在线讨论功能提供了一个交流和互动的空间,教师可以在这里提问、讨论和分享经验,互相学习和借鉴,提高学习效果。

资源共享功能是平台的另一个重要组成部分。通过资源共享,教师可以访问和下载各种教学资源,如电子教材、教学视频、案例分析等,丰富自己的教学素材和方法。此外,平台还应提供个性化学习路径和学习记录,帮助教师跟踪自己的学习进度和效果,从而进行有针对性的学习和改进。

培训平台的搭建还应注重用户体验和操作便捷性。界面设计应简洁明了,功能布局合理,确保教师能够轻松上手,快速找到所需资源和功能。平台应支持多种终端访问,包括计算机、平板和手机,方便教师随时随地学习和交流。

(2) 平台的维护与更新

平台的稳定运行和资源的及时更新是确保培训效果的重要保障。定期维护和更新培训平台,可以确保平台的稳定运行和资源的及时更新。通过技术支持和服务,解决教师在使用过程中遇到的问题,提高平台的使用效果。

平台的维护包括系统的安全性、稳定性和速度的保障,确保教师能够顺畅地访问和使用平台各项功能。平台的更新则包括课程内容的更新、新资源的添加和功能的改进,确保教师能够及时获取最新的教学资源和信息。此外,平台的维护与更新还应注重教师的反馈和需求。通过定期收集和分析教师的使用反馈,了解平台的使用情况和存在的问题,有针对性地改进和优化。例如,增加更多的互动功能、优化资源搜索和管理功能、提高平台的响应速度等,提升教师的使用体验和学习效果。

（三）实施多元化培训模式

1. 灵活的培训形式

（1）在线培训

在线培训作为现代教育技术的重要形式，能够突破时间和空间的限制，为教师提供灵活的学习机会。在线课程通常包括视频讲解、互动测验、论坛讨论等，内容丰富多样，能够满足教师的多样化学习需求。

网络研讨会是在线培训的一个重要组成部分，通过邀请教育专家和一线优秀教师进行专题讲座和研讨，教师可以实时参与，提出问题并获得解答。虚拟课堂则模拟真实的课堂环境，通过视频会议软件实现教师和学员的互动教学。教师可以通过这种形式进行实际操作和演示，增强对数字化教学工具和方法的理解和应用。

在线培训的灵活性还体现在学习资源的可访问性上。教师可以随时随地通过网络访问课程资料和学习资源，不受地域和时间的限制。这种灵活的学习方式特别适合乡村教师，他们可以在课余时间进行学习，不必因为培训而影响正常的教学工作。

（2）集中培训

集中培训则注重实践操作和面对面的交流，有助于增强教师间的互动和合作。通过集中培训，教师可以更直观地学习和体验数字化教学的实际应用，提升实践能力。集中培训通常采用工作坊、示范课、现场考察等形式，为教师提供亲身体验和实际操作的机会。

工作坊是集中培训的一种重要形式，通常由经验丰富的培训导师进行指导，通过实践操作和互动教学，帮助教师掌握数字化教学工具和技术。示范课则通过观摩和分析优秀教师的课堂教学，了解先进的教学理念和方法，并进行反思和讨论。现场考察则是让教师走进数字化教学应用较好的学校，实地了解和学习他们的成功经验和做法。

集中培训的优势在于其高效性和互动性，通过面对面的交流和合作，教师可以在短时间内获得大量的实践经验和知识。通过集中培训，教师不仅能够提升自己的教学技能，还能建立起与同行之间的联系，形成一个互相支持和学习的专业网络。

2. 持续地跟踪与评估

（1）培训效果的跟踪

为了确保培训的有效性、持续改进培训模式，对培训效果进行持续跟踪和评估是必不可少的。通过定期的问卷调查、访谈和学习记录分析，可以了解教师的学习进度和效果，发现培训的成效和不足。问卷调查是获取教师反馈的常用方法，通过设计科学合理的问题，收集教师对培训内容、形式和效果的意见和建议。访谈则可以与教师面对面地交流，深入了解他们的真实感受和需求。

学习记录分析是另一种重要的评估方法，通过对教师在培训平台上的学习记录进行分析，了解他们的学习行为和效果。通过这些评估手段，可以及时发现问题并进行针对性的调整和改进，确保培训能够满足教师的实际需求，增强培训效果。

（2）评估结果的应用

将评估结果应用到培训的改进中，是提升培训质量的重要途径。评估结果不仅可以帮助培训机构了解培训的成效和不足，还可以为后续培训的设计和实施提供参考。通过分析评估结果，可以识别出培训中存在的问题和改进的空间，从而采取相应的优化措施，不断提升培训的质量和效果。

例如，如果评估结果显示教师在某些模块的学习效果不佳，可以增加相关内容的讲解和练习，或者调整培训的形式和方法，提高教师的学习效果。评估结果还可以作为教师个人发展的参考，帮助他们明确自身的优势和不足，制订进一步的学习和发展计划。

通过定期的评估和反馈，可以不断优化培训内容和方法，确保培训能够与时俱进，满足教师的实际需求，提升教师的专业素养和教学能力。评估结果的应用还可以增强教师的学习积极性和参与感，促使他们在培训中不断进步和成长。

第七章　数字化评估与监测体系建设

第一节　学生学业水平评估的数字化工具

一、数字化评估工具的概述

随着信息技术的迅速发展，数字化评估工具在教育领域的应用越来越广泛。数字化评估工具利用计算机、互联网和大数据等技术手段，可以实时、全面地评估学生的学业水平，提供精准的反馈和改进建议。数字化评估工具的出现，不仅改变了传统的评估方式，也极大地提升了评估的效率和准确性。

（一）在线测试系统

在线测试系统是最常见的数字化评估工具之一。它通过互联网平台，提供多种类型的测试题目，包括选择题、填空题、简答题等。学生可以随时随地参与测试，系统会自动评分并生成详细的成绩报告。在线测试系统的广泛应用不仅大大提高了教育评估的效率和准确性，还为教育提供了新的可能性。

1. 功能与特点

在线测试系统具有多种功能，包括题库管理、考试管理、成绩分析等。这些功能的设计不仅满足了不同教学场景的需求，还极大地方便了教师和学生的使用。

（1）题库管理

题库管理功能允许教师创建和管理各种类型的测试题目，确保测试的多样性和覆盖面。教师可以根据教学大纲和课程内容，设计不同难度和类型的题目，并将其录入系统的题库中。题库管理还支持对题目进行分类、标注难度级别和设置知识点标签，方便教师在出题时快速筛选和组合题目。

（2）考试管理

考试管理功能支持多种考试模式，如即时测试、定时测试、模拟考试等。即时测试模式适用于课堂小测验和课后练习，学生可以随时进行测试并立即获得反馈；定时测试模式适用于期中考试和期末考试，系统会在预定时间自动开始和结束考试；模拟考试模式则为学生提供了真实考试环境的练习机会，帮助他们熟悉考试流程和题型。

（3）成绩分析

成绩分析功能通过对测试结果的全面分析，提供详细的成绩报告和改进建议。系统会自动统计每个学生的得分情况，并生成整体成绩分布图、个人成绩趋势图等可视化数据。教师可以通过这些数据分析学生的整体学习状况和个体差异，发现普遍存在的知识盲点和个别学生的薄弱环节。系统还会根据分析结果提供具体的改进建议，帮助教师调整教学策略，提高教学效果。

2. 应用案例

在线测试系统在实际教学中的应用，充分展示了其高效性和便捷性。某乡村学校引入在线测试系统后，学生可以通过学校的计算机教室或家中的互联网设备参与测试。测试结束后，系统会自动生成成绩报告，教师可以根据报告中的数据分析学生的学习情况，及时调整教学策略。

（1）背景与实施

该乡村学校位于偏远地区，传统的纸质测试需要耗费大量的人力和时间，而且由于交通不便，学生的测试参与率不高。为改善这一状况，学校决定引入在线测试系统。教师通过该系统设置了多种类型和难度的测试题目，学生可以在家中通过互联网设备参与测试。对于没有互联网条件的学生，学校也安排了计算机教室，确保每个学生都能参与测试。

（2）效果与反馈

在线测试系统的引入显著提高了教学效果。测试结束后，系统会立即生成详细的成绩报告，包括每道题的正确率、答题时间、错误类型等。教师可以通过这些报告，全面了解每个学生的学习情况。例如，某次数学测试结束后，系统的分析报告显示，多数学生在几何题目上得分较低。教师据此在接下来的教学中增加了几何知识的讲解和练习，学生的几何题目正确率在后续测试中有了明显提高。

（3）学生的反馈

学生也对在线测试系统表示了极大的兴趣和认可。相比传统的纸质测试，在线测试系统提供了更灵活和便捷的测试方式，学生可以根据自己的时间安排进行测试。而且，系统的即时反馈帮助他们快速了解自己的学习状况和不足，及时进行改进。某位学生表示，通过在线测试系统的练习，他在数学科目上的进步非常明显，对学习的兴趣和信心也大大增加。

（4）家长的支持

家长对在线测试系统的引入也给予了高度评价。他们认为，在线测试系统不仅提高了学生的学习效率，还减轻了他们的负担。通过系统的成绩报告，家长可以及时了解孩子的学习情况，与教师保持密切沟通，共同帮助孩子提高学习成绩。

（二）自适应测试系统

1. 功能与特点

自适应测试系统通过复杂的算法，根据学生的答题情况实时调整测试题目的难度。系统通常会在学生答对一定数量的题目后提高题目难度，反之亦然。这种动态调整机制使得测试更具个性化和针对性，能够更准确地评估学生的实际水平。

（1）实时调整题目难度

自适应测试系统的核心功能是根据学生的答题情况实时调整题目难度。每个学生在测试过程中，系统会根据其答题的正确性和速度，动态选择下一道题目的难度。如果学生连续答对几道题目，系统会自动增加题目的难度，以进一步测试学生的能力。反之，如果学生连续答错几道题目，系统会降低题目的难度，确保测试的平衡性和连续性。

（2）复杂的算法支持

自适应测试系统依赖复杂的算法和大数据技术。系统通过收集和分析大量学生的答题数据，建立知识点和题目难度的数学模型。这些模型不仅能够准确预测学生的能力水平，还能动态调整题目难度，确保测试的公平性和科学性。例如，某些自适应测试系统使用贝叶斯网络和项反应理论（Item Response Theory，IRT）来评估学生的能力，并根据实时数据调整题目难度。

（3）个性化评估体验

自适应测试系统提供的个性化评估体验，使每个学生都能在适合自己的难度范围内进行测试。这种个性化评估不仅能够更准确地反映学生的真实能力，还能增强学生的测试参与感和积极性。学生在测试过程中不会因为题目过难而产生挫败感，也不会因为题目过易而感到无聊，从而保持持续的学习兴趣和动力。

2. 应用案例

自适应测试系统在实际教学中的应用，充分展示了其高效性和科学性。以下是某乡村学校使用自适应测试系统进行数学科目评估的具体案例。

（1）背景与实施

该乡村学校地处偏远，教学资源有限，学生的数学成绩参差不齐。为了更准确地评估学生的数学水平，学校决定引入自适应测试系统。教师根据课程标准和教学大纲，设计了涵盖不同知识点和难度级别的题目，并将这些题目录入自适应测试系统。

在测试过程中，学生通过学校的电脑教室参与自适应测试。系统根据每个学生的答题情况，动态调整题目难度，确保每个学生都能在适合自己的难度范围内进行测试。测试结束后，系统自动生成详细的评估报告，并提供个性化的改进建议。

（2）效果与反馈

自适应测试系统的引入显著提高了教学效果和学生的学习积极性。测试结果显示，学生在自适应测试中的参与度和答题准确率都有所提高。教师通过系统提供的详细分析报告，全面了解了每个学生的学习情况。例如，某次测试结果显示，多数学生在几何和代数题目上的表现较弱。教师们通过强化这些知识点使学生的几何和代数题目正确率在后续测试中有了明显提升。

（3）学生的反馈

学生对自适应测试系统表现出了极大的兴趣和积极性。相比传统的固定难度测试，自适应测试系统提供的个性化测试体验，使他们能够在适合自己的难度范围内进行挑战。某位学生表示，自适应测试系统让他在数学学习中找到了更多的成就感和乐趣，因为系统能根据他的答题情况，提供适合他的题目，让他在挑战中不断进步。

（三）数字化学习档案

数字化学习档案是记录学生学习过程和成果的工具。通过收集学生在不同学习阶段的作业、测试和项目，形成完整的学业档案，帮助教师全面了解学生的学习情况。数字化学习档案不仅对学生的学习过程进行全程记录，还能提供多维度的数据分析，为教学提供有力的支持。

1. 功能与特点

数字化学习档案能够记录学生在整个学习过程中的各种表现和成果，包括平时作业、测试成绩、课堂表现、项目作业等。这些数据通过信息系统进行存储和管理，可以随时查阅和分析。数字化学习档案不仅帮助教师全面了解学生的学习情况，还为学生提供了自我反思和改进的机会。

（1）全面的记录功能

数字化学习档案系统能够全面记录学生在整个学习过程中的各种表现和成果。包括日常作业、测试成绩、课堂表现、项目作业、课外活动等。系统不仅记录了每一项作业的完成情况和得分，还包括教师的评语、学生的自评和同伴互评等。这些全面的记录，为教师提供了一个全景式的学生学习情况展示。

（2）多维度的数据分析

通过数字化学习档案系统，教师可以进行多维度的数据分析。例如，系统可以分析学生在不同科目、不同知识点上的表现，发现学生的优势和不足。同时，系统还可以跟踪学生的学习进度，分析他们在不同阶段的学习情况和变化趋势。这些数据分析结果，为教师提供了科学的教学改进依据。

（3）自我反思和改进机会

学生可以通过查看自己的学习档案，了解自己的学习进度和表现，发现自己的优势和不足，从而制订个性化的学习计划。此外，系统还可以提供个性化的学习建议和资源，帮助学生改进学习方法，提高学习效果。

2. 应用案例

某教育机构在乡村学校推广数字化学习档案的使用。每个学生都有一个专属的数字化档案，记录了他们在不同学习阶段的各种表现。教师可以通过查看档案，了解学生的学习进度和存在的问题，并提供有针对性的指导和帮助。

（1）背景与实施

该教育机构在多个乡村学校推行数字化学习档案系统，旨在改善教学质量和学生的学习体验。实施过程中，每个学生都被分配了一个专属的数字化档案账号，系统记录了学生在不同学习阶段的各种表现和成果，包括日常作业、测试成绩、课堂表现、项目作业等。

（2）效果与反馈

通过数字化学习档案系统，教师能够全面了解每个学生的学习进度和存在的问题。例如，在某次期中考试后，教师通过查看学生的数字化档案，发现某些学生在数学科目的成绩一直不理想。进一步分析显示，这些学生对代数部分的掌握情况较差。于是，教师在接下来的教学中增加了代数知识的讲解和练习，学生的代数成绩在期末考试中有了明显提升。

（3）学生的反馈

学生对数字化学习档案系统表示了极大的兴趣和认可。他们认为，这种方式不仅让他们更清楚地了解自己的学习情况，还帮助他们发现了自己的优势和不足。例如，某位学生在查看自己的学习档案后，发现自己在写作方面表现突出，但在阅读理解方面有所欠缺。于是，他在教师的建议下，制订了针对性地学习计划，进行更多的阅读练习，最终在阅读理解方面取得了显著进步。

三、数字化评估工具的优势

（一）高效性和便捷性

数字化评估工具可以大幅提高评估的效率。在线测试系统可以在短时间内完成大量学生的测试和评分工作，避免了传统纸质测试的繁琐过程。

1.效率提升

传统的纸质测试过程复杂且耗时，需要大量的人力资源投入。教师需要花费大量时间准备试卷、监考、阅卷和统计成绩。这个过程不仅繁琐，而且容易出现人为错误，影响评估的准确性。相较之下，数字化评估工具通过自动化的方式简化了这些步骤。

例如，在线测试系统可以在几分钟内完成数百名学生的测试和评分工作。学生提交答案后，系统会自动评分并生成详细的成绩报告，这些报告包括每道题的答题情况、学生的正确率和总体得分。自动化评分不仅提高了效率，还消除了人为评分的主观性和误差。此外，教师无需手动录入成绩，系统会自动记录和保存学生的测试数据，大大减少了教师的工作量。

在某些大规模考试中，使用数字化评估工具更显其优势。以某次数学测验为例，参与测验的有300名学生，传统的纸质测验至少需要两天时间进行阅卷和成绩统计，而在线测试系统则可以在测试结束后几分钟内完成所有学生的评分并生成报告，极大地提高了效率。

2. 便捷性

数字化评估工具的便捷性体现在多个方面。首先，学生可以通过多种设备，如电脑、平板或手机，随时随地参与测试。这种灵活的测试方式特别适合现代学生的学习习惯，极大地方便了学生的学习和评估。学生不再需要在固定的时间和地点参加测试，可以根据自己的时间安排进行学习和测试。此外，数字化评估工具通常具有友好的用户界面和交互设计，学生可以轻松地浏览和操作测试内容。对于一些低年级或技术不熟练的学生，系统还提供了详细的操作指南和帮助功能，确保每个学生都能顺利完成测试。

教师方面，通过互联网平台可以随时查看学生的测试成绩和报告。这种即时反馈机制帮助教师及时了解学生的学习状况，发现问题并进行针对性的教学调整。例如，某乡村学校的教师通过在线测试系统查看学生的测试结果，发现某些知识点的错误率较高，于是及时调整了教学计划，有针对性地进行补充讲解，显著提高了学生对这些知识点的理解和掌握水平。

对学校管理者和教育行政部门来说，数字化评估工具也提供了极大的便捷性。他们可以通过平台获取全校或全区的测试数据，进行宏观分析和评估，并以此为依据制定科学的教育决策。通过数据分析，可以发现不同班级或年级的学习趋势和存在的问题，从而采取有效的改进措施，提升整体教育质量。

（二）数据的精准性和全面性

数字化评估工具能够实时收集和分析大量数据，为教师提供详细的成绩报告和分析结果。通过对数据的深入挖掘，可以发现学生学习中的薄弱环节，提出有针对性的改进建议。

1. 数据收集和分析

数字化评估工具通过信息技术手段，能够实时收集和存储学生的测试数据。这些数据不仅包括测试成绩，还包括答题时间、答题顺序等详细信息。通过对这些数据的深入分析，可以发现学生在学习过程中的具体问题和薄弱环节，为教学改进提供科学依据。

（1）全面的数据收集

数字化评估工具能够自动记录学生在测试过程中的各种行为数据，如每道题的答题时间、答题顺序、选择的答案等。这些数据不仅限于学生的最终得分，还包括他们在测试过程中的细节表现。例如，通过分析学生的答题时间，可以了解他们对不同知识点的掌握情况和思考过程。如果某些题目的答题时间明显长于其他题目，可能意味着该题目对应的知识点较为困难，学生需要更多时间思考和解答。

（2）深入的数据分析

数据分析是数字化评估工具的重要功能之一。通过对收集到的数据进行多维度分析，可以揭示学生在学习过程中的具体问题和薄弱环节。例如，通过分析学生的答题顺序和正确率，可以发现哪些知识点是学生的薄弱项，哪些题型是学生的弱点。此外，数据分析还可以识别出学生的学习习惯和思维模式，为教师提供个性化的教学建议。

（3）动态的数据管理

数字化评估工具不仅能够实时收集数据，还能动态管理和更新数据。随着学生不断进行新的测试和学习活动，系统会自动更新学生的学习数据，确保数据的实时性和准确性。这种动态数据管理方式，使得教师可以随时了解学生的最新学习状况，并及时调整教学策略。

2. 精准反馈

数字化评估工具能够根据分析结果提供精准的反馈和改进建议。例如，在线测试系统可以根据学生的测试成绩和答题情况，生成详细的成绩报告和改进建议。自适应测试系统可以根据学生的答题情况动态调整测试题目，为其提供个性化的测试体验和反馈。

（1）详细的成绩报告

在线测试系统在测试结束后，能够自动生成详细的成绩报告。这个成绩报告不仅包含学生的总分和各部分的得分，还包括每道题的正确率、答题时间等详细信息。通过这些详细的数据，教师可以全面了解学生的表现。例如，如果某位学生在某一部分的得分较低，教师可以查看该部分的具体题目和学生的答题情况，分析原因并提出改进建议。

（2）个性化的改进建议

基于详细的成绩报告，数字化评估工具可以提供个性化的改进建议。系统会根据学生的测试数据，分析其薄弱环节，并给出具体的学习建议。例如，如果学生在某一知识点上的正确率较低，系统会建议教师在该知识点上加强讲解和练习。同时，系统还可以为学生推荐相应的练习题和学习资源，帮助他们巩固知识，提高学习效果。

（3）自适应测试的动态调整

自适应测试系统的一个重要特点是根据学生的答题情况动态调整测试题目。这种动态调整不仅可以提供个性化的测试体验，还可以提高评估的精准性。例如，如果学生在答题过程中表现出对某一知识点的熟练掌握，系统会自动提高题目的难度，进一步挑战学生的能力。反之，如果学生在某一题目上遇到困难，系统会降低题目的难度，帮助学生逐步提高。这种动态调整机制，使得每个学生都能在适合自己的难度范围内进行测试，最大限度地评估其实际水平。

（4）即时反馈与跟踪

数字化评估工具可以提供即时反馈，帮助学生及时了解自己的表现和需要改进的地方。例如，学生在完成测试后，系统会立即显示他们的得分和错误的题目，并提供正确答案和解题思路。这种即时反馈机制，不仅提高了学生的学习效率，还增强了他们的学习积极性和参与度。此外，系统还可以跟踪学生的学习进度，记录他们在不同测试中的表现变化，为教师提供长期的学习数据支持。

第二节　教学质量监测与评估体系的数字化构建

一、教学过程监测指标

教学过程监测指标涵盖了教学活动的各个方面，主要包括教学计划的执行情况、课堂教学的组织与实施、教学资源的利用等。通过对这些指标的监测，可以全面了解教师的教学行为和教学效果,及时发现和解决教学中存在的问题。

(一)教学计划的执行情况

监测教学计划的执行情况可以确保教学活动按照预定的计划进行。包括课程进度、教学内容的覆盖情况、教学目标的实现程度等。系统可以通过教师的教学日志、学生的反馈等数据,自动生成教学计划执行情况的报告,帮助管理者了解实际教学与计划之间的差距。

1. 课程进度

课程进度是教学计划执行情况的核心指标之一。系统可以通过教师提交的教学日志和课程进度表,实时监测每门课程的进度是否按计划进行。如果发现某门课程的进度滞后,系统会自动提醒教师和管理者,及时调整教学计划,避免影响整体教学安排。

(1)实时监测与反馈

教学系统通过教师的教学日志和课程进度表,实时监测课程的进度。这些日志和进度表由教师定期更新,详细记录每节课的教学内容和进度。系统会自动分析这些数据,与预定的教学计划进行对比,确保课程进度按计划进行。例如,某课程计划在前六周内完成前三章内容,系统会监测每周的进度,并生成实时报告。如果某周的进度未达到预期,系统会及时提醒教师和管理者,以便采取补救措施。

(2)自动提醒与调整

当系统检测到课程进度滞后时,会自动发送提醒通知给相关教师和管理者。这些提醒不仅包括进度滞后的警告,还会提供具体的调整建议。例如,如果发现某一章节进度滞后,系统可能建议教师增加该章节的课时,或通过课后补习进行补充。管理者也可以根据系统的建议,调整整体教学计划,确保所有课程能够按时完成。

(3)课程进度的可视化

系统可以通过图表和仪表盘等方式,将课程进度进行可视化展示。教师和管理者可以通过这些可视化工具,直观地了解每门课程的进度情况。例如,系统可以生成每周课程进度的折线图,将实际进度与计划进度进行对比。通过这些可视化工具,管理者可以迅速发现进度问题,教师也可以更好地调整教学策略。

2. 教学内容的覆盖情况

教学内容的覆盖情况是衡量教师是否全面教授预定内容的关键指标。系统可以通过分析课堂教学记录、教学资源使用情况和学生的学习反馈，评估教师在课堂上讲授的内容是否全面覆盖了教学大纲中的所有内容。

（1）课堂教学记录分析

系统可以通过录音、录像等手段，记录每节课的教学内容，并进行自动分析。例如，系统可以识别教师在课堂上讲授的知识点，并与教学大纲进行对比，确保所有内容都得到了覆盖。如果某章节内容在教学过程中被忽略或讲解不充分，系统会生成相应的报告，提醒教师进行补充教学。

（2）教学资源使用情况

教学资源的使用情况也是评估教学内容覆盖情况的重要指标。系统可以记录教师在课堂上使用的教材、课件、实验设备等教学资源的情况。例如，通过分析课件的使用记录，系统可以判断教师是否全面讲解了课件中的所有内容。系统还可以分析实验设备的使用记录，确保教师对所有实验内容都得到了充分地演示和操作。

（3）学生的学习反馈

学生的学习反馈是评估教学内容覆盖情况的关键数据。系统可以通过问卷调查、课堂讨论等方式，收集学生对教学内容的反馈。例如，如果多数学生反映某些知识点未在课堂上讲解或讲解不清晰，系统会记录这些反馈，并生成相应的报告，提醒教师进行补充讲解。学生的反馈可以帮助教师及时发现教学中的不足，确保教学内容的全面覆盖。

3. 教学目标的实现程度

教学目标的实现程度是评价教学效果的重要指标。通过期中和期末考试成绩、平时作业完成情况、课堂表现等多方面数据，系统可以评估学生对各知识点的掌握程度，判断教学目标是否达成。

（1）考试成绩分析

期中和期末考试成绩是评估教学目标实现程度的直接数据。系统可以自动分析学生的考试成绩，评估他们对各知识点的掌握情况。例如，系统可以生成每个知识点的得分分布图，显示学生在该知识点上的掌握程度。

（2）平时作业完成情况

平时作业的完成情况也是评估教学目标实现程度的重要指标。系统可以记录学生的作业提交情况、作业得分等数据，通过这些数据评估学生的学习进度和效果。例如，系统可以分析每次作业的得分分布，判断学生在作业中的表现。如果多数学生在某次作业中得分较低，系统会提示教师对相关知识点进行补充讲解和练习。

（3）课堂表现评估

学生在课堂上的表现是评估教学目标实现程度的间接数据。系统可以通过课堂观察、学生发言记录、课堂互动数据等，评估学生在课堂上的参与度和表现。例如，系统可以记录学生回答问题的次数和正确率，分析他们对课堂内容的理解程度。如果发现多数学生在课堂上对某些问题的回答不准确，系统会提示教师对相关内容进行补充讲解和练习。

（二）课堂教学的组织与实施

课堂教学的组织与实施是教学活动的核心。监测指标包括课堂管理、教学方法的应用、学生的课堂参与度等。通过录音、录像、课堂观察等手段，系统可以收集课堂教学的数据，分析教师在课堂上的表现和学生的反应，提供改进建议。

1. 课堂管理

课堂管理是指教师在课堂上对学生的组织和管理能力。通过录音、录像和课堂观察，系统可以评估教师的课堂管理水平。例如，教师是否能够有效维持课堂秩序，如何处理学生的纪律问题，以及如何组织课堂活动等。系统可以生成详细的课堂管理报告，帮助教师发现和改进课堂管理中的不足之处。

（1）维持课堂秩序

维持课堂秩序是课堂管理的基本要求。系统可以通过录音、录像记录课堂的实际情况，分析教师在维持课堂秩序方面的表现。例如，系统可以识别课堂上的噪音水平、学生的安静程度等，评估教师是否能够有效维持课堂秩序。通过这些数据，教师可以了解自己在课堂管理中的优势和不足，进行有针对性的改进。

（2）处理纪律问题

处理学生的纪律问题是课堂管理的重要内容。系统可以通过课堂观察记录教师处理纪律问题的情况。例如，教师在面对学生的违纪行为时，是否能够及时、合理地处理，是否能够维护课堂的正常秩序。系统可以根据这些数据，生成详细的纪律管理报告，帮助教师发现处理纪律问题中的不足，并提出改进建议。例如，如果系统发现某些教师在处理纪律问题时存在拖延或过度严厉的情况，可以建议他们采取更适度和及时的管理方式，确保课堂秩序不受影响。

2. 教学方法的应用

教学方法的应用是影响教学效果的重要因素。系统可以通过分析课堂教学视频和教师的教学日志，评估教师在课堂上使用的教学方法。例如，教师是否采用了多样化的教学方法，如讲授法、讨论法、演示法等；这些方法是否能够激发学生的学习兴趣，提高教学效果。系统可以根据分析结果，提供教学方法改进建议，帮助教师提升教学水平。

（1）多样化教学方法

采用多样化的教学方法可以提高教学效果，满足不同学生的学习需求。系统可以通过分析课堂教学视频，识别教师使用的教学方法，如讲授法、讨论法、演示法、案例分析法等。系统可以统计每种方法的使用频次，评估其在教学中的效果。例如，如果某些方法的使用频次较低但效果显著，系统会建议教师增加这些方法的使用，提升教学效果。

（2）教学方法效果评估

评估教学方法的效果是教学改进的重要环节。系统可以通过学生的课堂反馈、学习成绩等数据，分析不同教学方法的效果。例如，系统可以将使用不同教学方法的课堂成绩进行对比，评估每种方法对学生学习效果的影响。通过这些分析，系统可以生成详细的教学方法效果报告，帮助教师了解哪些方法最适合自己的教学，并提供具体的改进建议。

（3）个性化教学建议

根据不同教师的教学风格和学生的学习需求，系统可以提供个性化的教学方法改进建议。例如，对于擅长讲授法的教师，系统可能建议他们增加互动环节，提高学生的参与度；对于习惯于小组讨论的教师，系统可能建议他们增加案例分析，帮助学生更好地理解和应用知识。通过个性化的建议，教师可以不断改进教学方法，提升教学效果。

3. 学生的课堂参与度

学生的课堂参与度是评价课堂教学效果的重要指标。系统可以通过录音、录像和学生的课堂反馈，评估学生在课堂上的参与情况。例如，学生是否积极回答问题，是否主动参与课堂讨论，是否认真听讲和做笔记等。系统可以生成详细的课堂参与度报告，帮助教师了解学生的学习积极性和参与情况，并采取相应措施，激发学生的学习兴趣。

（1）课堂互动

课堂互动是评估学生参与度的重要方面。系统可以通过录音、录像记录课堂互动情况，包括学生回答问题、提出问题、参与讨论等方面的数据。例如，系统可以统计每节课学生的发言次数和参与讨论的频次，评估学生的课堂参与情况。通过这些数据，教师可以了解哪些学生在课堂上表现活跃，哪些学生参与度较低，并采取相应的激励措施。

（2）学生反馈与反应

学生的课堂反馈与反应是评估教学效果的重要数据。系统可以通过问卷调查、课堂即时反馈等方式，收集学生对课堂教学的评价。例如，学生对教学内容的理解程度、对教学方法的喜好程度、对课堂活动的参与意愿等。通过这些反馈数据，教师可以了解学生对课堂教学的实际感受，及时调整教学策略，提升课堂教学效果。

（3）课堂参与度报告

系统可以综合分析课堂互动数据、学生反馈与反应数据，生成详细的课堂参与度报告。报告包括学生参与度的总体情况、不同时段的参与度变化、不同教学方法下的参与度差异等。通过这些报告，教师可以全面了解学生的课堂参与情况，发现教学中的问题，并采取措施进行改进。例如，如果报告显示某些时段的学生参与度较低，教师可以在这些时段增加互动环节，提升学生的参与度。

（三）教学资源的利用

教学资源的利用情况是评价教学质量的重要指标，包括教材、课件、实验设备等资源的使用情况。系统可以通过教师的资源使用记录、学生的学习反馈等数据，评估教学资源的配置和利用效果，提出优化建议。

1. 教材使用情况

教材是教学活动的基本资源。系统可以通过学生的阅读记录、课堂的使用记录等，监测教材的使用情况。例如，教师是否按照教学计划使用教材，学生是否认真阅读和理解教材内容。系统可以生成详细的教材使用报告，评估教材的适用性和效果，为教材的改进和选择提供依据。

（1）阅读记录

系统可以记录学生在电子教材平台上的阅读情况，包括阅读时间、阅读频次、阅读章节等。通过这些数据，可以分析学生对教材的利用程度。例如，如果发现某章节的阅读频次较低，可能意味着该部分内容较难理解或不受学生关注。教师可以根据这些信息，对教学内容进行调整或提供额外的学习资源。

（2）课堂的使用记录

教师在课堂上使用教材的情况也是重要的监测指标。系统可以通过课堂录像、教师的使用日志等，记录教材在课堂上的使用情况。例如，教师讲课时是否全面覆盖了教材中的所有章节，是否结合教材进行深入讲解等。通过这些数据，可以评估教师对教材的使用效果，发现教材内容与教学实际需求之间的差距。

2. 学生反馈

学生对教材的反馈是评估教材适用性的重要依据。系统可以通过问卷调查、课堂讨论等方式，收集学生对教材的评价。例如，学生认为教材的难度是否适中，内容是否有助于理解课堂知识，是否需要增加更多的例题或习题等。根据这些反馈，教师和教材编写者可以对教材进行改进，提升教材的质量和适用性。

（1）教材的适用性与效果

通过全面分析学生的阅读记录、课堂使用记录和学生反馈，系统可以评估教材的适用性和效果。例如，如果发现多数学生在某一章节的阅读频次较低且课堂理解效果不佳，可能需要对该章节进行重新编写或增加辅助材料。系统可以生成详细的报告，为教师和教材编写者提供科学的改进建议，确保教材更好地服务于教学目标。

（2）课件使用情况

课件是现代教学中重要的辅助工具。通过记录课件的使用次数、学生的访问次数、课件的评价等，系统可以分析课件的利用率和效果，帮助教师改进课件内容和设计。

（3）使用次数

系统可以记录教师在课堂上使用课件的次数。通过分析这些数据，可以了解课件在实际教学中的使用频率。例如，如果某些课件的使用次数明显高于其他课件，可能意味着这些课件在教学中非常有效。反之，如果某些课件使用次数较少，可能需要对其内容和设计进行优化。

3. 实验设备使用情况

实验设备在理科和工科教学中尤为重要。系统可以通过实验预约记录、使用记录、学生的实验报告等数据，评估实验设备的利用情况，发现实验设备的利用情况，发现资源配置中的不足，提出改进建议。

（1）实验预约记录

系统可以记录学生和教师对实验设备的预约情况。通过分析这些数据，可以了解实验设备的使用需求和使用频次。例如，如果某些实验设备预约频次较高，可能需要增加该设备的数量或延长使用时间。反之，如果某些设备预约频次较低，可能需要重新评估其配置必要性。

（2）使用记录

实验设备的实际使用情况是评估设备利用率的重要指标。系统可以记录设备的使用时间、使用次数、使用者信息等数据。这些数据可以反映设备的使用效率和利用效果。例如，如果某些设备使用频次高但故障率也高，可能需要对设备进行维护或更新。

（3）学生实验报告

学生的实验报告是评估实验教学效果的重要依据。系统可以收集和分析学生的实验报告，评估他们对实验内容的掌握程度和实验设备的使用效果。例如，如果多数学生在某项实验中表现不佳，可能需要对实验设备或实验内容进行调整和改进。

二、学生学习效果监测指标

（一）学习态度

学习态度是影响学生学习效果的重要因素。通过问卷调查、课堂观察等手段，系统可以收集学生的学习态度数据，分析学生对学习的兴趣和投入程度，帮助教师了解学生的心理状态和学习动力。

1. 问卷调查

问卷调查是一种有效的工具，可以用来收集学生对学习的态度和感受。问卷设计应包括多个维度，如学习兴趣、学习动机、自我效能感、对教师和课程的评价等。通过定期进行问卷调查，系统可以收集大量的态度数据，分析学生在不同学习阶段的态度变化。

（1）问卷设计

问卷的设计是收集有效数据的关键。问卷应包含多种问题类型，包括选择题、开放式问题等，以全面了解学生的学习态度。例如，问卷可以询问学生对某门课程的兴趣程度、学习动机、自我效能感等。通过这些问题，系统可以收集到学生对学习的真实态度。

（2）数据收集与分析

系统可以定期进行问卷调查，收集学生在不同时间段的学习态度数据。通过比较学期初和期末的问卷数据，系统可以分析教学方法和课程内容对学生学习态度的影响。例如，如果发现学生在期末对某门课程的兴趣显著下降，可能需要对该课程的教学方法进行调整。系统可以生成详细的问卷调查报告，为教师和管理者提供科学的改进建议。

2. 课堂观察

课堂观察是另一种获取学生学习态度数据的重要手段。通过观察学生在课堂上的表现，如专注度、参与度、反应速度等，教师可以直观地了解学生的学习态度。系统可以通过录音、录像等技术手段，记录学生在课堂上的表现，并进行分析。

（1）观察数据收集

系统可以通过课堂录像、教师观察记录等手段，收集学生在课堂上的表现数据。例如，系统可以记录学生在课堂上的专注度、参与讨论的次数、回答问题的正确率等。通过这些数据，教师可以直观地把握学生在课堂上的学习态度和表现。

（2）数据分析与报告

系统可以对收集到的课堂观察数据进行多维度分析，识别学生学习态度的关键因素。例如，系统可以分析学生在不同教学方法下的表现差异，评估哪些方法能够提高学生的学习兴趣和专注度。系统可以生成详细的课堂观察报告，帮助教师发现教学中的问题，并提出改进建议。

3. 数据分析

对收集到的学习态度数据需要进行深入分析，以揭示学生学习态度背后的原因和变化规律。系统可以利用大数据分析技术，对问卷调查和课堂观察数据进行多维度分析，识别出影响学生学习态度的关键因素。

（1）大数据分析

系统可以利用大数据分析技术，对大量的学习态度数据进行处理和分析。例如，系统可以分析不同学生群体的学习态度差异，评估不同教学方法对学生态度的影响。通过这些分析，系统可以识别出影响学生学习态度的关键因素，并提出改进建议。

（2）个性化反馈

系统可以根据分析结果，提供个性化的反馈和建议。例如，系统可以为每个学生生成个性化的学习态度报告，指出他们在学习态度上的优势和不足，并提供具体的改进建议。教师可以根据这些报告，制订个性化的教学计划，提高学生的学习积极性和效果。

（二）学习参与度

学习参与度反映了学生在课堂和课外活动中的积极性，包括出勤率、课堂发言次数、课后作业完成情况等。系统可以通过签到记录、课堂互动数据、作业提交记录等，全面监测学生的学习参与情况。

1. 出勤率

出勤率是衡量学生学习参与度的基本指标。系统可以通过签到记录，实时监测每个学生的出勤情况。高出勤率通常表明学生对课程的重视程度较高，而低出勤率可能意味着学生对课程不感兴趣或存在其他问题。

（1）签到系统

系统可以通过电子签到系统，实时记录每个学生的出勤情况。例如，学生可以通过校园卡、手机 APP 等方式进行签到，系统会自动记录签到时间和地点。通过这些数据，教师可以了解学生的出勤情况，并及时发现出勤问题。

（2）出勤率分析

系统可以对签到数据进行分析，生成详细的出勤率报告。例如，系统可以统计每门课程的平均出勤率，识别出勤率较低的学生群体。通过这些分析，教师可以了解学生的出勤情况，找到出勤率较低的原因，并采取相应措施提高出勤率。

2. 课堂发言次数

课堂发言次数是衡量学生课堂参与度的重要指标。通过课堂互动记录，系统可以统计每个学生的发言次数和发言质量。高频次的课堂发言通常表明学生积极参与课堂讨论，对该课程具有较高的学习兴趣和主动性。

（1）课堂互动记录

系统可以通过录音、录像等手段，记录课堂上的互动情况。例如，系统可以统计每个学生的发言次数、回答问题的正确率等。通过这些数据，教师可以了解学生的课堂参与情况，并发现哪些学生在课堂上表现活跃，哪些学生需要更多的鼓励和支持。

（2）发言质量评估

除了发言次数，发言质量也是衡量学生课堂参与度的重要指标。系统可以通过分析学生的发言内容，评估其发言质量。例如，系统可以记录学生回答问题的正确性、逻辑性和深度。通过这些数据，教师可以了解学生的思维能力和表达能力，提供相应的指导和支持。

3. 课后作业完成情况

课后作业完成情况是衡量学生课外学习参与度的重要指标。系统可以通过作业提交记录，监测每个学生的作业完成情况和质量。高完成率和高质量的作业通常表明学生在课外对学习有较大的投入和认真的态度。

（1）作业提交系统

系统可以记录每个学生的作业提交情况，包括提交时间、提交频次、作业得分等。例如，系统可以统计每个学生的作业完成情况，分析他们在不同作业中的表现。通过这些数据，教师可以了解学生的课外学习情况，并及时发现和解决作业中的问题。

（2）作业质量评估

除了作业的完成情况，作业的质量也是评价学生学习参与度的重要指标。系统可以通过分析学生的作业内容，评估其完成质量。系统可以记录作业的正确率、逻辑性和深度，通过这些数据，教师可以了解学生对学习内容的掌握情况，并提供针对性的辅导和支持。

（三）学业成绩

学业成绩是评价学生学习效果的直接指标。通过考试成绩、作业成绩、项目成绩等多种数据，系统可以分析学生的学业表现，发现学生在不同知识点上的掌握情况，帮助教师进行针对性的辅导。

1. 考试成绩

考试成绩是衡量学生学业表现的核心指标。系统可以通过收集期中考试、期末考试、单元测试等各种考试的成绩数据，分析学生在不同学科和知识点上的掌握情况。例如，通过对比学生在不同考试中的成绩，系统可以发现学生的学习进步情况和知识掌握的薄弱环节。教师可以根据这些数据，针对性地进行复习和补充教学，帮助学生巩固知识。

（1）成绩数据收集

系统可以自动收集和记录每个学生的考试成绩，包括期中考试、期末考试、单元测试等。教师可以通过系统录入成绩，系统会根据预设的模板自动生成各类成绩报告。例如，系统可以生成每门课程的平均成绩、最高分、最低分等基本统计数据。

（2）成绩分析

通过对成绩数据的深入分析，系统可以发现学生在不同知识点上的掌握情况。例如，系统可以生成每个知识点的得分分布图，显示学生在该知识点上的表现。如果发现某些知识点的平均得分较低，系统会提示这些知识点可能没有完全被掌握，需要进一步讲解和练习。系统还可以对比学生在不同考试中的成绩变化，评估他们的学习进步情况。

2. 作业成绩

作业成绩是评价学生日常学习效果的重要指标。系统可以通过记录和分析学生的作业提交和评分情况，评估他们在日常学习中的表现。高质量的作业通常反映了学生对学习内容的深入理解和认真态度。

系统可以记录每个学生的作业提交情况，包括提交时间、得分、教师评语等。教师可以通过系统录入作业成绩，系统会自动生成作业完成情况报告。例如，系统可以统计每个学生的作业完成率、平均得分等基本数据。

3. 项目成绩

项目成绩是评价学生综合能力和应用能力的重要指标。系统可以通过记录学生在各类项目中的表现，评估他们在实际应用中的能力。例如，某些学生在项目中表现出色，说明他们不仅掌握了理论知识，还具备了较强的实践能力。

（1）项目数据收集

系统可以记录每个学生在各类项目中的表现，包括项目完成时间、得分、教师评语等。教师可以通过系统录入项目成绩，系统会自动生成项目完成情况报告。例如，系统可以统计每个学生的项目完成率、平均得分等项目数据。

（2）项目质量分析

通过对项目成绩的深入分析，系统可以发现学生在实际应用中的表现和问题。例如，系统可以生成每个项目的得分分布图，显示学生在该项目中的表现。如果发现某个项目的平均得分较低，系统会提示教师可能需要对相关技能进行补充教学和练习。系统还可以对比学生在不同项目中的表现，评估他们的实践能力和综合素质。

第三节　数字化数据分析在乡村教育评估中的应用

一、数字化数据分析在乡村教育评估中的理论基础

在现代教育评估中，数字化数据分析已成为不可或缺的重要工具。数字化数据分析是指利用计算机技术对收集到的大量教育数据进行整理、分析和解释，从而获得有价值的信息。在乡村教育评估中，数字化数据分析的理论基础主要包括教育大数据理论、数据挖掘技术和教育测量理论。

（一）教育大数据理论

教育大数据理论是数字化数据分析在乡村教育评估中的核心理论之一。随着信息技术的发展，教育领域逐渐积累了大量的数据，这些数据涵盖了学生、教师、学校等多个方面。通过对这些数据的分析，可以揭示出教育现象背后的规

律，从而为教育决策提供科学依据。

1. 学生学业成绩数据

学业成绩是衡量学生学习效果的重要指标，通过对学生成绩数据的分析，可以发现学生在不同学科上的表现和变化趋势。例如，通过纵向分析学生在不同学期的成绩变化，可以识别出哪些学生在某些学科上长期落后，从而为教师提供有针对性的辅导建议。

学生成绩数据不仅包括期末考试成绩，还包括平时测验成绩、作业完成情况等。通过对这些数据的综合分析，可以了解学生的学习进度和学习困难。例如，某学生在数学科目上表现出持续的低分，可以进一步分析他的课堂参与度、作业完成情况等数据，找出其成绩不理想的原因，教师可以针对这些原因提供个性化的辅导。

2. 学生行为数据

行为数据是指学生在学校的各种行为记录，如出勤记录、课堂参与情况、课外活动参与情况等。通过对这些行为数据的分析，可以了解学生的学习态度和行为习惯。例如，通过分析学生的出勤记录，可以发现哪些学生经常缺勤，并分析其缺勤的原因，从而采取相应的干预措施。

行为数据还可以反映学生的社会交往能力和心理健康状况。例如，通过对学生在课外活动中的表现进行分析，可以了解学生的团队合作能力和领导力，这对于全面评价学生的综合素质具有重要意义。

3. 教师教学数据

教师的教学数据也是教育大数据的重要组成部分。教学数据包括教师的教学计划、课堂教学记录、作业批改记录等。通过对这些教学数据的分析，可以发现教师的教学风格和教学效果。例如，通过分析教师的课堂教学记录，可以识别出哪些教学方法和策略在乡村教育中效果较好，从而推广这些成功经验。此外，教师教学数据还可以帮助识别教师的培训需求。又如，通过分析教师在不同科目上的教学效果，可以发现哪些教师在某些学科上需要进一步培训，从而有针对性地提供培训资源，提升教师的专业能力。

（二）数据挖掘技术

数据挖掘技术是数字化数据分析的核心技术之一，它通过对海量数据进行深度分析，挖掘出隐藏在数据中的有价值的信息。在乡村教育评估中，数据挖掘技术的应用主要体现在分类、聚类和关联规则挖掘等方面。

1. 分类技术

分类技术是数据挖掘中常用的方法之一。分类技术通过对已有数据进行分析，建立分类模型，并利用该模型对新数据进行分类。在乡村教育评估中，可以利用分类技术对学生进行分类。例如，可以根据学生的成绩和行为数据，将学生分为"优秀""良好""需要帮助"等不同类别，从而针对不同类别的学生制定差异化的教学策略。

分类技术在教育评估中的应用不仅限于学生分类，还可以用于教师分类和学校分类。例如，可以根据教师的教学效果和学生反馈，将教师分为"优秀教师""普通教师"和"需要改进的教师"，从而为教师培训和绩效考核提供依据。对于学校分类，可以根据学校的资源配置、教学质量等指标，将学校分为"示范学校""普通学校"和"薄弱学校"，从而有针对性地进行资源分配和政策支持。

2. 聚类技术

聚类技术通过将具有相似特征的数据归为一类，发现数据中的潜在模式。在乡村教育评估中，聚类技术可以用于分析学校和教师的数据。例如，可以根据学校的资源配置、教师的教学风格等特征，将乡村学校分为不同的类别，从而为不同类别的学校提出有针对性的改进建议。

聚类技术还可以用于分析学生的学习行为和学习习惯。例如，通过对学生的学习数据进行聚类分析，可以将学生分为不同的学习类型，如"自律型""依赖型"和"被动型"，从而为教师提供对应的教学建议，帮助学生改进学习习惯，提升学习效果。

3. 关联规则挖掘

关联规则挖掘是数据挖掘中的重要技术之一。关联规则挖掘通过分析数据中的关联关系，发现数据项之间的隐含联系。在乡村教育评估中，关联规则挖掘可以用于发现学生学习行为与学业成绩之间的关联。例如，通过分析学生的学习习惯与成绩之间的关系，可以发现某些学习习惯对学业成绩有显著影响，从而指导学生养成良好的学习习惯。

关联规则挖掘还可以用于教师教学行为和学生学习效果之间的关系分析。例如，通过对教师的教学数据和学生的成绩数据进行关联分析，可以发现某些教学方法对学生成绩有积极影响，从而为教师提供教学改进建议。

除了以上几种主要技术，数据挖掘技术还包括回归分析、决策树、神经网络等多种方法。这些方法在乡村教育评估中的应用，可以提供多维度的分析视角，帮助教育决策者全面了解教育现状和问题。

（三）教育测量理论

教育测量理论为数字化数据分析提供了科学的方法和工具，确保数据分析结果的准确性和可靠性。教育测量理论包括测量误差理论、信度与效度理论等多个方面，在乡村教育评估中具有重要应用价值。

1. 测量误差理论

测量误差理论是教育测量理论的基础。测量误差是指测量结果与真实值之间的差异，在教育评估中，测量误差不可避免。测量误差分为系统误差和随机误差，系统误差是由测量工具或方法本身引起的，而随机误差是由偶然因素引起的。通过采用科学的测量方法和工具，可以有效减小测量误差，提高数据分析结果的准确性。

在乡村教育评估中，测量误差的控制至关重要。例如，在评估学生成绩时，如果测量工具或方法不当，可能会导致评估结果不准确，从而影响教育决策。因此，采用经过验证的标准化测量工具和方法，可以有效减小测量误差，提升评估结果的可靠性。

2. 信度与效度理论

信度与效度理论是教育测量理论的重要组成部分。信度是指测量结果的一致性和稳定性，效度是指测量结果是否能够反映真实的情况。在乡村教育评估中，信度和效度是评估结果可靠性的关键指标。通过采用科学的测量工具和方法，可以提高评估结果的信度和效度，从而为教育决策提供可靠依据。

例如，在评估学生的学习成绩时，信度高的测量工具可以确保不同时间测量的结果一致，而效度高的测量工具可以确保测量结果能真正反映学生的实际学习水平。在实际操作中，采用标准化测试工具和多种评估方法相结合的方式，可以有效提高测量结果的信度和效度。又如，在评估教师的教学效果时，可以结合课堂观察、学生反馈和教师自评等多种方法，从多个维度对教学效果进行综合评价，确保评估结果的准确性和可靠性。

3. 统计分析方法

教育测量理论还包括一系列统计分析方法，这些方法可以帮助评估人员从数据中提取有意义的信息，解释和预测教育现象。常用的统计分析方法包括方差分析、回归分析等。

方差分析是一种用于比较多个组之间差异的统计方法。在乡村教育评估中，可以利用方差分析评估不同教学方法对学生成绩的影响。例如，通过对比使用不同教学方法的学生成绩，可以发现哪些教学方法更有效，从而为教学改进提供依据。

回归分析是一种用于研究变量之间关系的统计方法。在乡村教育评估中，回归分析可以用于预测学生未来的学习表现。例如，通过分析学生过去的成绩和学习行为数据，可以建立预测模型，预测学生未来的成绩，从而为教师提供精准的辅导建议。

二、数字化数据分析在乡村教育评估中的实际应用

（一）乡村教育现状的全面监测

通过数字化数据分析，可以实现对乡村教育现状的全面监测。传统的教育评估方法往往依赖人工调查和纸质问卷，数据收集和处理效率低下。而通过数字化手段，可以实时收集和处理来自不同渠道的数据，从而全面掌握乡村教育的现状。

1. 数据收集的多样性与实时性

数字化数据分析技术能够从多个数据源获取信息，包括学生的在线学习记录、教师的课堂教学记录、家长的反馈、学校管理数据等。数据来源的多样性不仅提高了数据的全面性，也增强了数据的实时性。例如，通过学生的在线学习记录，可以实时了解学生的学习进度和学习效果，发现学生在学习过程中遇到的问题。学生的在线学习记录不仅包括他们的在线课程参与度、完成的作业和考试成绩，还涵盖了他们在学习平台上的互动情况，如提问、讨论和反馈。通过分析这些数据，可以识别出哪些学生在学习过程中存在困惑或遇到困难，从而及时采取干预措施，帮助学生克服学习障碍。

教师的课堂教学记录也是重要的数据来源之一。通过记录教师的教学计划、课堂互动、作业布置和批改情况，可以全面了解教师的教学风格和教学效果。例如，某些教师可能在课堂上更多地采用互动教学方法，而另一些教师则更倾向于传统的讲授方式。通过对这些数据的分析，可以评估不同教学方法的效果，选取最适合乡村教育环境的教学方法。此外，家长的反馈也是宝贵的数据来源。家长的反馈可以通过在线问卷、电话访谈等多种方式收集，内容涵盖了家长对学校教育的满意度、对教师的评价以及对教育改进的建议。通过分析家长的反馈，可以了解家长的期望和需求，加强学校与家长之间的沟通和合作。

学校管理数据同样是评估乡村教育现状的重要依据。学校的资源配置、教育经费使用情况、教师培训情况等管理数据可以揭示学校在管理和运作中的优劣之处。例如，通过分析学校的资源配置数据，可以评估教学资源的分配是否合理，是否存在资源浪费或不足的情况。通过分析教育经费的使用情况，可以了解学校在教育资源上的投资是否取得了预期效果，进而为教育决策提供数据支持。

2. 数据处理与整合

收集到的数据需要经过整理和处理，才能用于教育评估。数字化数据分析技术可以自动地对数据进行清洗、整合和预处理，确保数据的准确性和一致性。数据清洗是数据处理的第一步，主要包括去除噪声数据、处理缺失值和异常值等。噪声数据是指数据集中存在的无关信息或错误信息，如重复记录、错误录入的数据等。通过数据清洗，可以剔除这些噪声数据，提高数据的质量。缺失值和异常值是数据几种常见的问题，缺失值指数据集中某些记录缺少某些属性值，异常值是指数据集中存在的不符合正常范围的数据。处理缺失值的方法包括删除含有缺失值的记录、用平均值或中位数填补缺失值等。处理异常值的方法包括将异常值转换为合理范围内的值或删除异常值。

数据整合是指将不同来源的数据进行统一处理，形成综合性的评估数据。数据整合的过程包括数据匹配、数据转换和数据融合等步骤。数据匹配是指将不同数据源中的相同实体进行匹配，例如，将学生的在线学习记录与其成绩记录进行匹配，形成完整的学生学习档案。数据转换是指将不同数据源中的数据转换为统一的格式和单位，又如，将不同教师的课堂教学记录转换为统一的评价标准。数据融合是指将不同数据源中的数据进行融合，形成综合性的评估数据，再如，将学生的学习数据、教师的教学数据和家长的反馈数据融合在一起，形成全面的教育评估数据。

通过数据处理与整合，可以确保数据的准确性和一致性，为后续的数据分析奠定坚实的基础。此外，自动化的数据处理技术可以大大提高数据处理的效率，减少人工操作的误差和工作量。例如，通过使用数据清洗和整合软件，可以快速处理大量数据，确保数据处理的准确性和一致性，从而为教育评估提供可靠的数据支持。

3. 全面掌握教育现状

第一，通过对综合性评估数据的分析，可以全面掌握乡村教育的现状。综合性评估数据包括学生的学习数据、教师的教学数据、家长的反馈数据和学校管理数据等。通过对这些数据的分析，可以揭示乡村教育的现状和存在的问题，为教育决策提供科学依据。例如，通过分析学生的在线学习记录，可以了解学生的学习习惯和学习效果。学习习惯包括学生的学习时间、学习频率、学习方式等，学习效果包括学生的成绩、作业完成情况、课堂参与度等。通过分析这些数据，可以发现学生在学习过程中存在的共性问题和个性问题，从而为学生提供精确的学习支持。又如，某些学生可能存在学习时间不足、学习频率不稳定的问题，可以通过制订学习计划、提供学习辅导等方式帮助学生改进学习习惯。

第二，通过分析教师的课堂教学记录，可以了解教师的教学风格和教学效果。教学风格包括教师的教学方法、课堂互动情况、作业布置和批改情况等，教学效果包括学生的课堂参与度、学习效果、家长的反馈等。通过分析这些数据，可以评估不同教学方法的效果，发现哪些方法在乡村教育环境中更为有效。例如，某些教学方法可能在提高学生参与度、激发学生学习兴趣方面效果显著，可以推广这些成功经验，提升整体教学质量。

第三，通过分析家长的反馈，可以了解家长对学校教育的满意度和建议。家长的满意度和建议包括对学校环境、教学质量、教师表现、学生表现等方面的评价。例如，家长可能对学校的教学质量有较高期望，学校可以通过提升教师培训、改进教学方法等方式提高教学质量，满足家长的期望。

（二）乡村教育中的潜在问题发现

数字化数据分析技术可以帮助发现乡村教育中的潜在问题。通过对不同维度数据的分析，可以揭示出隐藏在数据背后的问题，并提出有针对性的改进措施。

1. 学生学业成绩的纵向分析

通过对学生学业成绩的纵向分析，可以发现哪些学生在某些学科上长期落后。纵向分析可以追踪学生在不同学期的成绩变化，识别出成绩持续下降或停滞的学生。进一步分析这些学生的学习行为和学习环境，可以找出其学业成绩不理想的原因。例如，某些学生可能因为缺乏学习资源或家庭支持而在学习上遇到困难，通过数字化数据分析，可以识别出这些问题，并为其提供有针对性的辅导和支持。

（1）学业成绩变化的追踪

纵向分析是通过追踪学生在不同学期或学年的学业成绩变化来进行的。这种方法不仅能够展示学生在某一特定时刻的学习表现，还能揭示其长期的学习趋势。通过对比分析学生在不同时间点的成绩，可以识别出哪些学生在某些学科上表现出持续的进步或退步。例如，如果某一学生在过去几学期中的数学成绩持续下降，这可能表明该学生在数学学习上存在困难，需要进行进一步的干预和支持。

（2）影响学业成绩的因素分析

在发现成绩持续下降或停滞的学生后，需要进一步分析这些学生的学习行为和学习环境，找出学业成绩不理想的原因。影响学业成绩的因素可以是多方面的，包括学生的学习态度、学习方法、家庭环境、学校资源等。通过对学生的学习行为数据进行分析，可以发现学生在学习过程中的具体问题。例如，某些学生可能因为缺乏有效的学习方法而无法充分理解和掌握学习内容；而另一些学生则可能因为家庭环境的影响，如父母的教育水平和家庭经济状况，在学习上缺乏足够的支持。

（3）有针对性的辅导和支持

通过识别影响学业成绩的具体问题，可以为学生提供有针对性的辅导和支持。例如，对于缺乏有效学习方法的学生，可以通过教学辅导和学习技能培训，帮助他们掌握更有效的学习策略。对于家庭环境不好的学生，可以通过学校和社区提供学习资源和情感支持，帮助他们克服学习上的困难。此外，教师也可以根据这些分析结果，调整教学方法和策略，为学生提供更符合其需求的教学服务。

2. 教师教学行为的分析

通过对教师教学行为的分析，可以发现哪些教学方法和策略在乡村教育中效果较好。数字化数据分析可以记录和分析教师的课堂教学行为，包括教学计划、课堂互动、作业布置和批改等。通过对这些数据的分析，可以评估不同教学方法的效果。例如，某些教学方法可能在特定学科或特定学生群体中效果更好，可以推广这些成功经验，提升整体教学质量。

（1）教学行为的记录与分析

数字化数据分析技术可以详细记录教师的教学行为，包括每节课的教学内容、教学方法、课堂互动情况、学生参与度等。通过对这些数据的分析，可以评估教师在教学中的表现，发现哪些教学行为对学生的学习效果有积极影响。例如，教师在课堂上频繁采用互动式教学方法，可能会显著提高学生的课堂参与度和学习兴趣。这种教学行为的记录和分析不仅能够为教师的自我反思提供数据支持，还能为学校的教学管理和教师培训提供科学依据。

（2）教学方法效果的评估

不同的教学方法可能在不同的学科和学生群体中产生不同的效果。例如，探究式教学方法可能在科学和数学等学科中效果较好，而讲授式教学方法可能在历史和文学等学科中更为适用。通过对这些方法的效果进行系统的评估，可以为教师提供参考，帮助他们选择和优化教学方法，提高教学效果。

（3）成功教学策略的推广

在发现有效教学方法和策略后，可以更大范围地推广这些成功经验，提升整体教学质量。例如，通过教师培训和教学研讨会，向更多教师传授这些成功的教学方法和策略，帮助他们在自己的教学实践中加以应用。此外，可以通过学校内部的教学评比和奖励机制，鼓励教师采用和创新有效的教学方法，从而形成良性循环，不断提升整体教学水平。

3. 学校管理与资源配置的分析

通过对学校管理数据和资源配置数据的分析，可以发现学校管理中的问题和不足。数字化数据分析可以评估学校资源的分配是否合理，教育经费的使用是否高效。例如，通过分析教育经费的使用情况，可以评估各项支出是否合理，是否存在浪费或不足，从而优化资源配置，提升教育质量。

（1）学校资源的合理分配

学校资源的合理分配是提升教育质量的关键因素之一。通过对学校资源配置数据的分析，可以评估教学资源、设备设施、师资力量等方面的分配情况。例如，某些学校可能在教学设备和图书资源上存在不足，影响了学生的学习效果。通过识别这些问题，可以为学校资源配置提供科学依据，确保资源得到合理分配和高效利用。

（2）教育经费的使用分析

教育经费的使用情况也是评估学校管理效果的重要方面。通过对教育经费使用数据的分析，可以了解各项支出的具体情况，评估经费使用的合理性和效率。例如，通过分析教学设备的采购和维护费用，可以评估设备的使用寿命和性价比；通过分析教师培训经费的使用情况，可以评估培训项目的效果和教师专业发展的进展。通过这些分析，可以发现经费使用中的问题，优化经费分配，提高资源利用效率。

（3）管理策略的优化

通过对学校管理数据的综合分析，可以发现管理中的薄弱环节，提出相应的改进建议。例如，通过分析教师考核和绩效评价数据，可以评估现有考核制度的公平性和有效性，发现并改进考核制度中的不足；通过分析学生纪律和行为管理数据，可以评估学校纪律管理的效果，提出改进措施，提升学生的行为规范和学校的管理水平。通过这些分析，可以不断优化学校管理策略，提高整体管理效果。

（三）支持教育决策的科学化和精准化

数字化数据分析可以支持教育决策的科学化和精准化。在乡村教育评估中，教育决策者需要根据评估结果制定和调整教育政策。通过数字化数据分析，可以提供基于数据的客观依据，支持教育决策的科学化。

1. 教育干预措施效果的对比分析

通过数字化数据分析，可以对不同教育干预措施的效果进行对比分析，选择最适合乡村教育实际的干预措施。教育干预措施包括各种教学方法、教学工具、教学资源配置等，这些措施的有效性直接影响学生的学习成绩和学习行为。

（1）对比分析的基础

对比分析的基础是收集和整理不同教育干预措施的数据。这些数据可以来自不同班级、不同学校，甚至不同地区。通过详细记录每种干预措施的实施情况以及学生的学习表现，建立一个全面的数据库。例如，记录某一教学方法的具体实施过程、教师的教学行为、学生的课堂参与情况、作业完成情况、考试成绩等，通过对这些数据的整理和分析，可以为对比分析提供坚实的基础。

（2）不同教学方法的对比分析

在对不同教学方法的对比分析中，可以评估其对学生成绩和学习行为的具体影响。例如，对比传统讲授式教学和互动式教学，可以分析两种方法对学生理解和掌握知识的效果。通过对比学生在这两种教学方法下的成绩变化、课堂参与度和学习兴趣，可以发现哪种方法更适合乡村学生的学习特点，从而推广效果更好的教学方法。

（3）教学工具和资源的使用效果

除教学方法外，不同教学工具和资源的使用效果也是对比分析的重点。例如，分析多媒体教学工具与传统黑板教学工具的效果，评估其对学生学习效率和理解能力的影响。通过数据分析，可以发现多媒体工具是否能够提高学生的学习兴趣，帮助他们更好地理解复杂概念。类似地，对比分析不同教学资源的配置，如课外读物、实验器材、在线学习平台等，可以评估这些资源在提高学生学习效果方面的作用，从而优化资源配置，提高教育资源的利用效率。

通过这些对比分析，可以发现哪些干预措施在提高学生成绩、增强学生学习兴趣和改善教学效果方面最为有效，从而优先采用这些措施，提高教育资源的利用效率。这不仅有助于提高教学质量，还能为教育政策的制定和调整提供科学依据。

2. 教育政策的制定与调整

教育决策者需要根据评估结果制定和调整教育政策。数字化数据分析可以为政策制定提供科学依据，确保政策的科学性和有效性。

（1）数据驱动的政策制定

通过对乡村教育现状和潜在问题的全面分析，可以识别出需要优先解决的问题。例如，数据分析可能揭示出某些地区学生的阅读能力普遍较低，或者某些学校的教师流动性较大，影响了教学质量。针对这些问题，教育决策者可以制定相应的政策，如加强阅读教育、提供教师培训和激励措施等。这种基于数据的政策制定，可以确保政策的针对性和有效性，解决实际问题，提升教育质量。

（2）政策实施的监测与评估

政策的制定只是第一步，实施过程中的监测和评估同样重要。通过数字化数据分析，可以实时监测政策实施的效果，及时发现问题并进行调整。例如，某一政策实施后，可以通过数据分析评估其对学生成绩、教师工作满意度、学校管理效率等方面的影响。如果发现某些指标未达到预期效果，可以迅速调整政策，优化实施方案，确保政策的持续有效性。

（3）政策调整的科学依据

政策实施过程中可能会遇到各种复杂情况和新问题，需要根据实际情况及时调整政策。数字化数据分析可以为政策调整提供科学依据。例如，通过对不同政策措施效果的对比分析，可以发现哪些措施更适合当前的教育环境，从而优化政策组合，提升整体教育质量。此外，政策调整过程中，还可以通过数据分析预测不同调整方案的可能效果，选择最优的调整方案，确保政策调整的科学性和精准性。

3. 个性化教育支持

数字化数据分析可以支持个性化教育，提供有针对性的教学支持和资源配置。个性化教育是现代教育的重要发展方向，通过数据分析，可以识别每个学生的学习需求和学习困难，为其提供个性化的学习建议和辅导方案。

（1）学生学习数据的分析

通过对学生学习数据的分析，可以详细了解每个学生的学习进度、学习习惯、学习成绩等。例如，通过分析学生的在线学习记录、作业完成情况、考试成绩等数据，可以发现哪些学生在某些学科上存在困难，需要额外的辅导和支持。通过这些分析，可以为学生提供个性化的学习建议，帮助他们制订合理的学习计划，克服学习中的困难。

（2）个性化学习建议和辅导方案

基于数据分析的结果，可以为每个学生提供个性化的学习建议和辅导方案。例如，对于在数学学习上有困难的学生，可以安排额外的数学辅导课程，提供个性化的学习资源，如视频教程、练习题等。此外，通过与教师的合作，可以为这些学生提供个性化的教学支持，如一对一辅导、个性化作业布置等，帮助他们逐步提高学习成绩。

（3）教师培训需求的识别与支持

不仅是学生，教师的专业发展也需要个性化的支持。通过对教师教学数据的分析，可以识别出教师的培训需求。例如，通过分析教师的课堂教学记录、学生反馈和教学效果，可以发现哪些教师在某些教学技能上存在不足，需要进一步培训。基于这些分析，可以为教师提供有针对性的培训资源和支持，如教学技能培训、教学方法研讨会等，帮助教师不断提升专业能力，改进教学效果。

通过数字化数据分析，可以实现个性化教育支持，提升学生的学习效果和教师的专业能力。这种个性化的支持不仅有助于提高教学质量，还能满足每个学生和教师的个性化需求，促进教育的全面发展。

第八章 数字化转型的可持续发展与未来展望

第一节 可持续数字化转型的机制建设

一、数字化转型的政策支持

（一）财政投入

在推动乡村教育数字化转型的过程中，财政支持是不可或缺的基础保障。国家和地方政府应制定明确的财政政策，确保充足的资金用于乡村教育的数字化建设。具体来说，可以设立专项基金，专门用于支持乡村学校的信息化基础设施建设、网络布线、智能设备采购以及数字教学资源的开发。此外，还应加大对教师培训的投入，确保教师能够熟练掌握并应用数字化教学工具与方法，提高教育质量。同时，应设立透明、规范的资金使用和监督机制，确保每笔资金都能切实用于改善乡村教育。

（二）政策倾斜

在政策层面，政府应给予乡村学校更多的自主权和资源支持，确保数字化教育资源的公平分配。一方面，可以通过政策倾斜，让乡村学校在资源配置、课程设置和教学管理上有更多的自主权，能够根据自身实际情况灵活调整和应用数字化教学资源。另一方面，政府应采取具体措施，确保优质的数字化教育资源能够下沉到乡村学校，如建立城乡教育资源共享平台，推动教育信息化资源在城乡间的互联互通。此外，还可以通过政策激励，鼓励城市优秀教师和教育技术专家到乡村学校进行支教和技术指导，提升乡村教育的整体水平。

（三）监管与激励

为了确保数字化转型政策的有效落实，必须建立健全的监管机制并完善激励措施。政府应设立专门的监管机构,对乡村教育数字化转型的各个环节进行全程监控和评估,确保政策执行的规范性和有效性。同时,可以通过设立奖惩机制,激励学校和教师积极参与数字化转型。对于在数字化转型过程中表现突出的学校和教师,给予一定的物质奖励和荣誉称号;对于在政策执行中存在问题和不足的学校,则应及时进行整改和指导,确保数字化转型的整体推进效果。此外,还可以通过定期组织经验交流和成果展示活动,推广优秀案例,形成良好的示范效应。

二、可持续发展机制的构建

(一)持续性资金支持

实现乡村教育的可持续数字化转型,需要建立稳定的资金支持机制。除了政府的财政拨款,还可以通过多渠道筹集资金,如社会捐助、企业赞助、公益基金等方式,为乡村教育提供持续性的资金支持。具体来说,政府可以设立专项基金,用于支持乡村教育的数字化项目,同时鼓励社会各界积极捐赠,形成全社会共同参与、共同支持乡村教育发展的良好氛围。企业在享受政策优惠的同时,也应承担起社会责任,通过赞助和捐赠等方式支持乡村教育的发展。此外,还可以引入市场化运作机制,通过教育产品的市场化推广,获取部分收入反哺教育,形成良性循环。

(二)技术支持与维护

技术支持与维护是确保数字化设备正常运行和更新换代的关键。应建立专业的技术支持中心,为乡村学校提供持续的技术培训和设备维护服务。具体措施包括:设立专门的技术服务团队,定期检查和维护乡村学校的数字化设备,确保设备的正常运行;组织技术培训班,提高教师和学校管理人员的技术水平,使其能够熟练操作和维护数字化设备;建立远程技术支持平台,通过在线指导和远程控制等方式,及时解决学校在使用过程中遇到的技术问题,此外,还应建立设备更新机制,确保数字化设备能够及时升级和更换,保持技术的先进性和适用性。

(三)师资培养与培训

教师是推动乡村教育数字化转型的核心力量,因此,师资培养与培训至关重要。应定期开展针对乡村教师的数字化教育培训,提升其数字素养和教学能力。具体措施包括:制订系统的教师培训计划,涵盖基础数字素养、数字化教学方法、教育技术应用等多个方面；组织专家团队深入乡村学校，进行面对面的指导和培训，提高培训的针对性和实效性。此外，还应建立教师成长和激励机制，通过评选优秀教师、设立教学奖项等方式，激励教师积极参与数字化教学实践，不断提升自身能力。

三、数字化转型的评价与反馈机制

（一）定期评估

为了确保数字化转型的有效性，必须建立科学的评估机制。应定期对数字化转型的实施效果进行全面评估，评估内容包括教学质量、学生学习效果、教师教学能力等方面。具体措施包括：制定科学合理的评估指标体系，涵盖硬件设施、软件应用、教学效果等多个维度；通过问卷调查、课堂观察、数据分析等多种方式，收集和分析评估数据，形成全面、客观的评估报告；定期组织专家评审，邀请教育技术专家、教学管理专家等对评估结果进行审议和反馈，确保评估的公正性和权威性。

（二）反馈与改进

根据评估结果，及时进行反馈和改进，是数字化转型取得实效的关键。应建立系统的反馈机制，确保评估结果能够及时传达给学校和教师，并根据反馈结果进行优化和改进。具体措施包括：建立反馈平台，通过线上和线下相结合的方式，及时将评估结果反馈给相关人员；组织评估结果交流会，邀请学校管理者、教师和专家共同探讨存在的问题和改进措施；制订改进计划，明确改进目标、措施和时间节点，确保改进工作的落实和推进。此外，还应建立评估结果跟踪机制，对改进措施的实施效果进行跟踪和再评估，确保持续改进和优化。

（三）数据驱动的决策支持

利用大数据分析技术，对教学过程和结果进行深入分析，为教育决策提供科学依据，是数字化转型的重要内容。具体措施包括：建立教育大数据平台，收集和存储学生学习数据、教师教学数据、教学资源数据等多方面的数据；通过数据挖掘和分析技术，深入分析数据背后的规律和趋势，发现教学过程中存在的问题和改进点；建立数据驱动的决策支持系统，将分析结果应用于教育管理和决策，为学校管理者和教师提供科学的决策依据。此外，还应加强数据安全和隐私保护，确保数据的合法、合规使用，维护学生和教师的隐私权益。

第二节　社会各方合作促进数字化乡村教育的发展

一、社会企业与非营利组织的参与

社会企业和非营利组织在推动乡村教育数字化转型中发挥着重要作用，尤其在资金支持、技术帮助、项目合作和志愿服务方面。具体而言，这些组织可以通过以下几个方面参与并促进乡村教育数字化的发展。

（一）资金与技术支持

社会企业可以通过提供资金和技术支持，帮助乡村学校建设数字化基础设施和开发数字化教学资源。这种支持可以采取多种形式。

1. 直接捐赠

社会企业可以直接向乡村学校捐赠资金，用于购买数字化教学设备，如电脑、平板电脑、投影仪、智能白板等。同时，企业还可以捐赠用于建设校园网络的设备和软件，提升乡村学校的信息化基础设施水平。

2. 技术支持

社会企业可以利用自身的技术优势，为乡村学校提供技术支持和服务。例如，企业可以派遣技术人员到学校进行设备安装、调试和维护，确保数字化教学设备的正常运行。此外，企业还可以为乡村学校开发定制化的教学软件和应用，满足乡村学校的特殊需求。

3. 资源共享

社会企业可以与乡村学校共享其数字化教育资源，如在线课程、教学视频、电子图书等。这不仅可以丰富乡村学校的教学资源，还可以提升教学质量和效果。

（二）项目合作与推广

非营利组织可以通过开展各种项目合作，推广数字化教育的成功经验和案例，推动数字化教育的普及。

1. 示范项目

非营利组织可以在部分乡村学校开展数字化教育示范项目，通过引入先进的教育技术和教学方法，验证和推广数字化教育的实际效果。这些示范项目可以为其他学校提供可借鉴的成功经验和做法。

2. 培训项目

非营利组织可以组织开展教师培训项目，提升乡村教师的数字素养和教学能力。例如，非营利组织可以邀请教育技术专家和优秀教师，开展专题讲座、工作坊和在线培训，帮助教师掌握最新的教育技术和教学方法。

3. 推广活动

非营利组织可以通过举办各类推广活动，如教育展览、经验交流会、案例分享会等，广泛宣传数字化教育的优势和成果，提升乡村学校和教师对数字化教育的认识和接受度。

（三）志愿服务与培训

社会企业和非营利组织还可以组织志愿者队伍，为乡村学校提供志愿服务和培训，提升乡村教育的数字化水平。

1. 志愿者服务

社会企业和非营利组织可以招募和培训志愿者，派遣到乡村学校进行支教和技术支持。这些志愿者可以帮助教师进行教学设备的操作和维护，指导学生使用数字化学习工具，并协助学校开展数字化课程。

2. 教师培训

社会企业和非营利组织可以组织志愿者开展教师培训，提升乡村教师的数字化教学能力。例如，志愿者可以通过线上线下相结合的方式，为教师提供个性化的培训课程，帮助他们掌握教育技术的使用方法和教学设计的技巧。

3. 学生辅导

志愿者还可以为乡村学生提供个性化的学习辅导，帮助他们解决在使用数字化学习工具过程中遇到的问题，提高学习效果和学习兴趣。

二、社区与家庭的参与

社区和家庭是乡村教育的重要组成部分，二者的参与对数字化转型的成功至关重要。社区和家庭的积极支持和参与，可以为乡村学校的数字化转型提供良好的社会基础和环境保障。

（一）社区支持与参与

社区应积极支持乡村学校的数字化转型，参与学校管理和活动，形成良好的社会支持环境。

1. 社区参与学校管理

社区可以通过参与学校的管理和决策，支持学校的数字化转型。例如，社区成员可以加入学校的家长委员会或管理委员会，参与学校的发展规划、资源配置和项目实施，确保数字化转型的顺利进行。

2. 社区活动支持

社区可以通过组织和支持各类教育活动，提升学校和教师的数字化教学水平。例如，社区可以组织教育技术展示会、教育研讨会和经验交流会，推广数字化教育的成功案例和经验，提高学校和教师对数字化教育的认识和接受度。

3. 社区资源共享

社区可以与学校共享其数字化资源，如社区图书馆、文化中心和教育基地等，为学校提供更多的数字化教学资源和学习空间。

（二）家庭教育与配合

家庭应重视数字化教育，积极配合学校的教育工作，营造良好的家庭学习环境。

1. 重视数字化教育

家长应重视数字化教育的重要性，积极支持孩子使用数字化学习工具和资源。例如，家长可以为孩子购买合适的学习设备，如平板电脑、电子书阅读器等，并引导孩子合理使用这些设备进行学习。

2. 营造良好的家庭学习环境

家长应为孩子创造一个良好的学习环境，为孩子提供安静、整洁的学习空间，并督促孩子按时完成学习任务。同时，家长应鼓励孩子多利用数字化资源进行学习，如观看在线课程、参加在线学习社区等。

3. 与学校积极配合

家长应与学校保持密切联系，了解孩子在学校的学习情况和进展，积极参与学校组织的各类教育活动和家长会，与教师和学校共同探讨和解决孩子在学习过程中遇到的问题。

（三）家校合作机制

建立家校合作机制，定期召开家长会和家校交流活动，共同探讨和解决数字化教育中的问题。

1. 家长会和家校交流会

学校应定期召开家长会和家校交流会，向家长介绍数字化教育的理念、方法和成果，听取家长的意见和建议，解答家长在数字化教育过程中遇到的问题和困惑。

2. 家校沟通平台

学校应建立便捷的家校沟通平台，如家校微信群、家校通 APP 等，方便家长随时了解孩子的学习情况，与教师保持沟通和交流，共同促进孩子的学习和成长。

3. 家校合作项目

学校和家长可以共同开展一些家校合作项目，如数字化教育体验活动、亲子阅读活动等，增强家长对数字化教育的了解和支持，提高孩子的学习兴趣和效果。

第三节　未来数字化转型的趋势与挑战

一、未来数字化转型面临的挑战与对策

（一）技术设施与资源不足

1. 挑战

乡村地区的数字化基础设施和资源相对薄弱，这是乡村教育数字化转型的首要障碍。具体表现为以下几点。

（1）网络覆盖不足

许多乡村地区的网络基础设施不完善，网络覆盖范围有限，速度较慢，影响了数字化教学的开展。由于地理位置偏远、经济条件落后，乡村地区在建设高质量网络基础设施方面面临诸多困难。这不仅制约了学生对在线资源的访问，也使教师难以使用现代教学技术进行授课，进一步拉大了城乡教育差距。

（2）硬件设备匮乏

乡村学校缺乏足够的数字化教学设备，如电脑、平板电脑、投影仪等，难以满足教学需求。许多学校仅能依赖有限的设备开展基础的数字化教学活动，无法实

现全面的数字化教学模式。此外,设备的老旧和缺乏维护也导致了教学效果不佳。

(3)数字资源缺乏

乡村学校可利用的数字化教学资源有限,教学内容单一,难以满足不同学科和年级的需求。现有的数字资源主要集中在城市和发达地区,乡村学校难以获得高质量的数字教材、教学视频和互动课程,限制了学生的学习视野和知识获取的多样性。

2. 对策

(1)加大投入,改善基础设施

政府应加大对乡村教育的财政投入,重点改善乡村地区的网络基础设施,确保宽带网络的覆盖和速度,提升网络服务质量。可以通过引入专项资金,推动乡村地区的网络建设和升级,实现与城市学校同等水平的网络接入。同时,应鼓励电信运营商和互联网服务提供商向乡村地区提供优惠服务和技术支持,确保网络的稳定性和高速性。

(2)多渠道筹集资金,配置硬件设备

通过政府拨款、社会捐助、企业赞助等多种途径筹集资金,为乡村学校配置必要的数字化教学设备,确保每个教室和学生都能使用数字化工具。政府可以设立专项补贴,制订激励政策,鼓励企业和社会团体捐赠设备。此外,学校可以与企业合作,开展技术捐赠和设备更新项目,确保教学设备的先进性和实用性。

(3)建设数字资源共享平台

建立和完善全国性或区域性的数字教育资源共享平台,实现优质教学资源的共享和下沉,丰富乡村学校的教学内容。政府和教育机构应联合开发和推广免费或低成本的数字化教学资源库,涵盖各个学科和年级的教学内容,供乡村教师和学生使用。同时,应鼓励社会各界参与资源建设,推动教育资源的多元化和丰富性。

(二)教师数字素养不足

1. 挑战

部分乡村教师的数字素养和应用能力不足,这是影响数字化教学质量的重要因素。具体表现为以下几点。

(1)技术操作不熟练

许多乡村教师对数字化设备和软件的操作不熟练,影响了教学效果。由于缺乏系统的培训和实践机会,教师在使用数字化工具时常常遇到技术障碍,难以顺利进行教学活动。

（2）教学设计能力欠缺

教师缺乏利用数字化工具进行教学设计和实施的能力，难以充分发挥数字化教学的优势。传统教学方法与数字化工具的融合需要教师具备较高的设计和实施能力，许多教师在这方面还存在较大的提升空间。

（3）持续培训不足

乡村教师难以获得持续的、系统的数字化教育培训，导致技能提升缓慢。现有的培训机会有限，内容单一，无法满足教师不断发展的学习需求。

2. 对策

（1）制订系统培训计划

政府和教育机构应制订系统的教师培训计划，涵盖基础数字素养、数字化教学方法、教育技术应用等多个方面，提高教师的综合能力。培训计划应具有阶段性和针对性，涵盖初级、中级和高级不同层次的内容，确保教师能够逐步提升技能。

（2）多样化培训方式

通过线上线下相结合的方式，提供灵活多样的培训课程，满足不同教师的学习需求，确保培训的覆盖面和实效性。线上培训可以通过网络平台提供灵活的学习时间和丰富的学习资源，线下培训则可以通过集中授课和实地操作，增强学习的实践性和互动性。

（3）建立长期支持机制

设立教师发展中心或技术支持中心，为教师提供持续的技术支持和指导，帮助他们解决在教学过程中遇到的技术问题。可以通过设立技术服务热线、开展技术指导活动和建立在线技术支持平台，确保教师在遇到问题时能够及时得到帮助和解决方案。

（三）教育公平性问题

1. 挑战

数字化转型可能加剧教育资源的分配不均，造成教育公平性问题。具体表现为以下几点。

（1）城乡差距扩大

城市学校在数字化基础设施、资源和师资方面占据明显优势，而乡村学校则相对落后，导致城乡教育差距进一步扩大。由于经济发展水平和教育投入的不同，城市和乡村学校在数字化转型中的起点和进程存在显著差异。

（2）区域不平衡

不同地区之间的教育资源分配不均，东部发达地区与中西部欠发达地区之间的教育差距明显。区域之间的经济发展水平和政策支持力度不同，导致教育资源的分布不均衡。

（3）学生个体差异

学生个体之间的学习条件和数字化素养差异较大，影响了数字化教育的普及和效果。由于家庭经济状况和教育背景的不同，学生在接受数字化教育时的起点和条件存在较大差异。

2. 对策

（1）制定公平政策

政府应制定公平的教育政策，确保优质的数字化教育资源向乡村和欠发达地区倾斜，缩小城乡和区域差距。可以通过实施资源倾斜政策，优先支持乡村和欠发达地区的数字化基础设施建设和教学资源配置，确保教育公平。

（2）建立资源共享机制

通过建设数字教育资源共享平台，实现优质资源在不同地区和学校之间的共享，推动教育资源的均衡分配。平台中共享的资源应包括各种数字化教材、教学视频、在线课程等，确保所有学校和学生都能平等地获取优质教育资源。

（3）关注个体差异

在推动数字化教育的过程中，要特别关注学生个体差异，为其提供个性化的支持和帮助，确保每个学生都能享受到优质的教育资源。可以通过开展个性化学习项目、提供个性化辅导和支持服务，满足学生不同的学习需求。

二、数字化教育的未来展望

乡村教育的数字化转型在未来将朝着更加智能化、个性化和可持续化的方向发展。这不仅是技术发展的必然趋势，也是实现乡村教育现代化的重要途径。

（一）智能化未来趋势

通过 AI、IoT 等技术，实现教育的智能化管理和服务，提高教学效率和质量。主要表现为以下几点。

1. 智能教学系统

利用 AI 技术开发智能教学系统，实现个性化学习和智能化管理。例如，智能课堂系统可以根据学生的学习情况和兴趣，自动推荐适合的学习内容和活动，提高学习效果。智能教学系统还可以通过数据分析，实时监测学生的学习进度和效果，提供个性化的学习建议和反馈。

2. 智慧校园建设

通过 IoT 技术构建智慧校园，实现校园内设备和资源的互联互通，提高校园管理和服务水平。例如，智慧教室可以自动调整光线、温度和设备，创造良好的学习环境。智慧校园还可以通过智能安防系统、智能能源管理系统等，提高校园的安全性和节能效果。

3. 智能评估与反馈

利用 AI 技术对学生的学习过程和结果进行智能评估，可以为学生提供提供即时的反馈和指导，帮助学生及时发现和解决学习问题。智能评估系统可以通过数据分析，发现学生的学习规律和问题，提供个性化的学习建议和改进措施，提高学习效果。

（二）个性化未来趋势

利用大数据和 AI 技术，实现个性化学习，满足学生的不同学习需求，提升学习效果。主要表现为以下几点。

1. 个性化学习平台

个性化学习平台可以根据学生的学习兴趣、学习风格和学习进度，提供个性化的学习内容和路径，满足不同学生的学习需求。个性化学习平台不仅能够推荐适合学生的学习资源，还能够根据学生的反馈调整学习计划，确保每个学生都能在适合自己的节奏中学习，提高学习效果和学习积极性。

2. 个性化教学设计

教师可以利用大数据分析学生的学习行为和学习效果，进行个性化的教学设计和实施。例如，通过分析学生的学习数据，教师可以了解学生在不同知识点上的掌握情况，针对性地调整教学内容和教学方法，确保每个学生都能得到有效的指导和帮助。个性化教学设计不仅能够提高教学效率，还能增强学生的学习体验和学习效果。

3. 个性化支持服务

通过智能辅导系统和在线学习社区，为学生提供个性化的支持服务，如学习咨询、问题解答、学习资源推荐等，帮助学生解决学习过程中遇到的问题。个性化支持服务能够根据学生的具体情况提供有针对性的帮助，确保每个学生都能得到及时的支持和指导，提升学习效果和学习满意度。

（三）可持续化未来趋势

构建可持续发展的数字化教育生态系统，通过政策支持、技术创新和社会合作，推动乡村教育的持续发展。主要表现为以下几点。

1. 政策支持体系

政府制定和实施一系列支持数字化教育的政策措施，确保乡村教育数字化转型的长期推进和可持续发展。例如，设立专项基金、制定激励措施、提供技术支持等。政府应加强政策的连续性和稳定性，确保数字化转型政策的长期实施和有效执行，为乡村教育的可持续发展提供坚实的保障。

2. 技术创新驱动

不断推动教育技术的创新和发展，为数字化教育提供持续的技术支持和保障。例如，开发新型教育软件、应用新兴技术等。技术创新不仅能够提升教育质量和效率，还能为乡村教育注入新的活力和动力。教育技术企业应加强与教育机构的合作，共同探索和开发适合乡村教育的技术解决方案，推动教育技术的普及和应用。

3. 社会合作机制

通过多方合作，形成政府、企业、学校、社区和家庭共同参与的数字化教育生态系统，确保资源的优化配置和共享，推动教育的持续发展。例如，建立教育资源共享平台、开展多方合作项目等。社会各方应加强合作，共同推动乡村教育的数字化转型，为乡村教育的发展提供多方面的支持和保障。

参考文献

[1] 袁振国. 教育数字化转型：转什么，怎么转 [J]. 华东师范大学学报（教育科学版），2023（3）：1-11.

[2] 余胜泉，刘恩睿. 智慧教育转型与变革 [J]. 电化教育研究，2022（1）：16-23，62.

[3] 吴永和，许秋璇，王珠珠. 教育数字化转型成熟度模型研究 [J]. 华东师范大学学报（教育科学版），2023（3）：25-35.

[4] 祝智庭，胡姣. 教育数字化转型的实践逻辑与发展机遇 [J]. 电化教育研究，2022（1）：5-15.

[5] 李广乾. 轻装信息化是理解数字经济发展的技术基础 [J]. 重庆理工大学学报（社会科学），2019（2）：1-6.

[6] 祝智庭，许秋璇，吴永和. 教育信息化新基建标准需求与行动建议 [J]. 中国远程教育，2021（10）：1-11，76.

[7] 祝智庭，胡姣. 教育数字化转型的本质探析与研究展望 [J]. 中国电化教育，2022（4）：1-8，25.

[8] 赵昆华，刘细文，龙艺璇，等. 从开放获取到开放科学：科研资助机构的理念与实践 [J]. 中国科学基金，2021（5）：844-854.

[9] 贾建国. 课程视角：疫情背景下的在线教育策略 [J]. 教育科学论坛，2020（11）：29-31.

[10] 谢幼如，邱艺，黄瑜玲，等. 疫情防控期间"停课不停学"在线教学方式的特征、问题与创新 [J]. 电化教育研究，2020（3）：20-28.

[11] 陈思颖. 教学在场：数智化背景下的教师专业联结 [J]. 教师教育研究，2021（6）：58-63.

[12] 葛文双，韩锡斌. 数字时代教师教学能力的标准框架 [J]. 现代远程教育，

2017（1）：59-67.

[13] 教育部等六部门关于加强新时代乡村教师队伍建设的意见 [J]. 中华人民共和国教育部公报，2020（9）：31-35.

[14] 白亮. 乡村教师激励政策优化 [J]. 教育研究，2021（12）：142-150.

[15] 柳立言，张会庆，闫寒冰. 智能时代乡村教师专业发展的困境、机遇和实践路径 [J]. 中国电化教育，2021（10）：105-112.

[16] 张雪，邢来顺. 数字化教学环境下的教师特征分析 [J]. 教师教育论坛，2016（7）：10-15.

[17] 钟艺晴. 乡村振兴战略背景下大学生创新创业教育策略研究 [J]. 公关世界，2022（14）：77-78.

[18] 刘卫民. 教育生态视域下职业教育服务乡村振兴战略联动机制研究 [J]. 科技风，2022（20）：158-160.

[19] 吕后珍. 以乡村经济多元化发展推进乡村振兴战略实施 [J]. 山西农经，2022（13）：36-38.

[20] 于衍学，孟定芳. 乡村振兴战略理论研究的三维视角 [J]. 经济研究导刊，2022（17）：4-7.